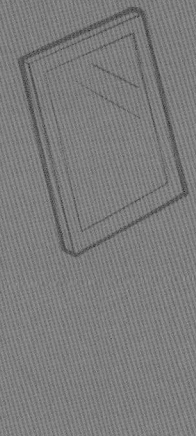
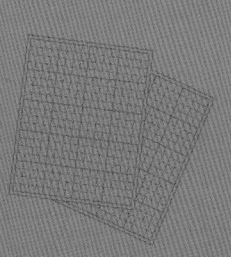

π

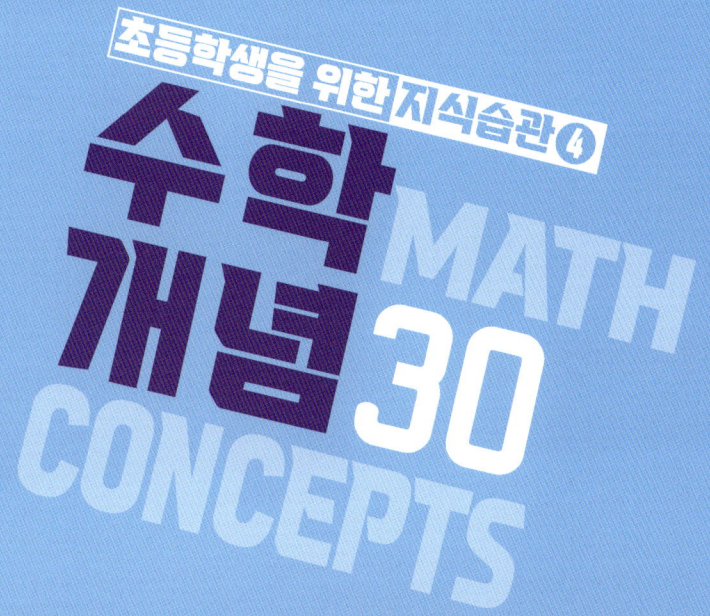

초등학생을 위한 지식습관 ④

# 수학 개념 30
## MATH 30 CONCEPTS

### 글 앤 루니
다양한 주제의 정보책을 쓰는 작가로 2018년 학교 도서관 협회 정보 도서상(7~12세 부문)을 수상하였다. 캠브리지 대학의 뉴햄칼리지에서 〈Royal Literary Fund Fellow〉로 선정되기도 하였다. 우리나라에 소개된 『똑똑한 500가지 호기심 과학: 발명편』, 『똑똑한 500가지 호기심 과학: 인체편』, 『하루 동안 수학자 되어 보기』, 『하루 동안 과학자 되어 보기』, 『우주가 뭐예요?』, 『진화가 뭐예요?』 외에도 다양한 주제를 넘나들며 다수의 책을 출간했다.

### 그림 푸트리 페브리아나
인도네시아 자카르타 출신의 그래픽 디자이너이자 일러스트레이터이다. 리얼 심플 매거진(타임), 선데이 텔레그래프, 스텔라 매거진 UK, SHOP 매거진 UK 등의 잡지에 일러스트를 게재했다.

### 옮김 고호관
서울대학교 과학사 및 과학철학 협동과정에서 과학사로 석사 학위를 받았으며, 동아사이언스에서 과학기자로 일했다. 현재 SF와 과학 분야의 글을 쓰고 번역을 하고 있으며, 「하늘은 무섭지 않아」로 제2회 한낙원과학소설상을 받았다. 옮긴 책으로 『수학 없는 수학』, 『진짜진짜 재밌는 곤충 그림책』, 『아서 클라크 단편 전집 1960-1999』, 『링월드』, 『신의 망치』, 『SF 명예의 전당 1: 전설의 밤』(공역), 『머더봇 다이어리』 등이 있다.

### 감수 이정모
국립과천과학관 관장으로 연세대학교 생화학과를 졸업하고, 같은 학교 대학원에서 석사학위를 받았다. 서대문자연사박물관 관장, 서울시립과학관 관장으로 재직하였으며 2019년 과학의 대중화에 기여한 공로로 과학기술훈장 진보장을 받았다.
지은 책으로 『저도 과학은 어렵습니다만』, 『과학자를 울린 과학책』(공저), 『공생 멸종 진화』, 『바이블 사이언스』, 『달력과 권력』, 『그리스 로마 신화 사이언스』, 『삼국지 사이언스』(공저), 『과학하고 앉아 있네 1』(공저), 『해리포터 사이언스』(공저) 외 다수가 있고 옮긴 책으로 『인간 이력서』, 『매드 사이언스 북』, 『모두를 위한 물리학』 외 다수가 있다.

초등학생을 위한 지식습관 ❹

# 수학 개념 30
## MATH CONCEPTS

글 앤 루니 | 그림 푸트리 페브리아나 | 옮김 고호관 | 감수 이정모

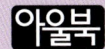

# 차례

어디에나 있는 수학 6

## 하나, 둘, 셋 8
1. 수학은 어디에서 왔을까? 12
2. 일대일 대응으로 수량 기록하기 14
3. 수 체계 16
4. 십진법 18
5. 분수 20
6. 끝나지 않는 수 22

## 다양한 도형 24
7. 차원 28
8. 넓이와 부피 30
9. 겉넓이 대 부피의 비 32
10. 튼튼한 구조 34
11. 프랙털 패턴 36
12. 도형의 변환 38
13. 대칭 40
14. 쪽매맞춤 42

## 자연 속의 수 44
15. 파이 한 조각 48
16. 피보나치 수열 50
17. 황금 도형 52

**측정** 54
- 18 수로 세기 어려운 것들 58
- 19 측정 단위 60
- 20 약속해서 측정하기 62
- 21 희한한 측정 단위 64
- 22 측정과 계산 66
- 23 두 배로 키우기 68

**그래프** 70
- 24 여러 가지 그래프 74
- 25 설문조사와 표본 76
- 26 평균과 범위 78
- 27 집합 80

**가능성이 얼마나 될까?** 82
- 28 확률 86
- 29 좋은 도전과 나쁜 도전 88
- 30 불가능한 확률 90

**지식 플러스**
다양한 고대 숫자 92

# 어디에나 있는 수학

우리는 아주 어렸을 적 수를 셀 수 없었던 때를 기억하지 못합니다. 우리는 보통 어린 시절 수 세기를 배운 뒤로 별생각 없이 매일 사용하고 있습니다. 하지만 수 세기는 시작일 뿐입니다!

우리는 수학으로 매우 다양하고 놀라운 일을 할 수 있습니다. 수학은 단순히 학교에서 배우는 과목에 그치지 않습니다. 달을 향해 날아가는 로켓, 안전하게 지은 건물, 여러분이 하는 모든 컴퓨터 게임, 심지어는 커튼의 무늬에도 수학의 법칙이 담겨 있습니다.

수학은 자연계에서도 찾아볼 수 있습니다. 구불거리는 강, 은하의 나선팔, 나뭇가지의 성장, 행성의 궤도 모두 수학적 패턴을 따릅니다. 수많은 자연 현상은 수와 도형을 이용해 설명할 수 있습니다.

수학을 하는 방법은 다양합니다. 사람들은 역사의 다양한 시기와 세계의 다양한 장소에서 서로 다른 방법으로 수학을 했습니다. 우리가 수학을 하는 방법은 그중 하나일 뿐입니다.

만약 외계 행성에서 온 외계인을 만난다면, 외계인도 수학을 할 것입니다. 하지만 아마 우리와는 전혀 다른 방법일 것입니다. 외계인의 방법도 우리의 방법처럼 실제 생활에 유용할 것입니다!

우리는 수학으로 우리를 둘러싼 세상을 탐구하고 설명하는 데 도움을 주는 다양한 방법을 찾을 수 있습니다. 수학은 어떻게 여러분이 결정을 내리거나 앞으로 일어날 일을 예측하도록 도와줄까요? 별을 모두 셀 수 있을 만큼 큰 수가 있을까요? 화산 폭발을 측정할 수 있을까요? 수를 사용하지 않고 다른 방법으로 수학을 할 수 있을까요? 수를 세는 다른 방법이 더 있을까요? 이 책을 읽으면서 수학에 대해 가졌던 궁금증들을 풀어볼 수 있습니다.

이 책은 수학에 관한 기본 지식들을 한눈에 읽고 빠르게 이해할 수 있도록 구성하였습니다. 그리고 수학에 관해 궁금한 더 많은 사실을 찾아보거나 재미있는 활동을 직접 해 볼 수도 있습니다.

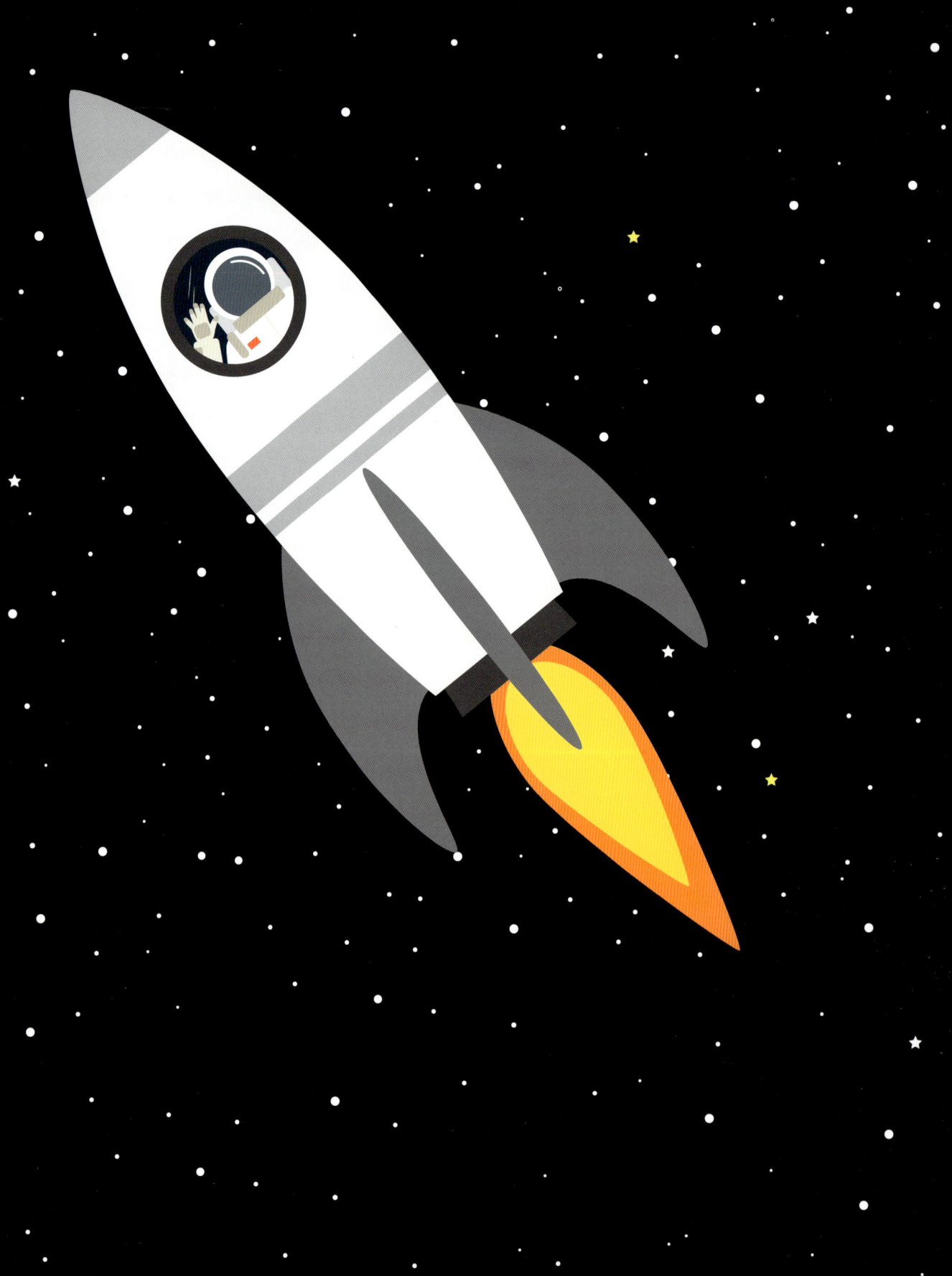

# 하나, 둘, 셋

우리는 매일 수를 세고 측정하고 계산합니다. 하지만 수는 어디서 왔을까요? 수가 없으면 생활이 어떻게 변할지 상상해 본 적이 있나요? 수는 정말로 쓸모가 많습니다. 하지만 쓸모가 없을 수도 있습니다. 우주에 있는 것들을 나타내는 아주 큰 수들은 수가 아닌 방법으로 나타낼 수 있답니다!

# 하나, 둘, 셋
## 읽기 전에 알아두기

**값** 어떤 것의 양이나 가치.

**계산** 더하기, 빼기, 곱하기, 나누기를 사용해 값을 구하는 일. 연산이라고도 한다.

**넓이** 어떤 면의 크기. 면적이라고 한다.

**등가** 양이나 값이 같은 것.

**무한** 끝이나 한계 없이 영원히 계속되는 것.

**부등가** 양이나 값이 같지 않은 것.

**부분** 전체의 일부.

**분수** 전체 혹은 어떤 수의 일부분. 분수는 자연수 사이에 있는 수를 세거나 측정할 때, 어떤 것을 여러 부분이나 집단으로 나눌 때 쓰인다. 분수의 예로는 $\frac{1}{2}$, $\frac{3}{4}$ 등이 있다.

**비교** 둘 이상의 값이나 집합 사이의 비슷한 점이나 차이점을 살펴보는 일.

**소수** 분수와 비슷하게 수를 10분의 1, 100분의 1, 1,000분의 1로 잘게 나누어 나타낸 수. 소수의 예로는 0.1, 2.5 등이 있다.

**수** 숫자를 포함해 사물을 세거나 헤아린 양 또는 크기나 순서 등을 말함. 숫자도 수에 포함된다.

**숫자** 수를 나타내는 기호. 0, 1, 2, 3, 4, 5, 6, 7, 8, 9는 수를 나타내는 열 가지 기호다.

**예측** 앞으로 일어날 일을 생각해 내는 일.

**일대일 대응** 어떤 대상을 다른 대상과 짝지어서 수량을 기록하는 것.

**자릿값 체계** 숫자의 위치에 따라 값이 달라지는 수 체계.

**측정** 크기나 양을 알아내는 일. 예를 들어 거리나 무게, 부피, 시간, 온도를 측정할 수 있다.

## 한눈에 보는 지식
# 1 수학은 어디에서 왔을까?

인간은 수학을 이용해 온갖 현상을 설명하고 예측합니다. 예를 들어, 수학으로 행성의 궤도를 계산하거나 다리가 무너질지 버틸지를 알아낼 수 있습니다.

**우리가 아는 한 인간은 지구에서 처음으로 수학을 이용해 덧셈을 하고, 건물을 세우고, 예술을 하고, 과학을 탐구한 존재입니다. 하지만 이렇게 수학을 이용한 지는 수천 년밖에 되지 않았습니다. 그렇다면 수학은 인간이 이용하기 전부터 있었던 것일까요, 아니면 인간이 세상의 원리를 설명하기 위해 발명한 것일까요? 정확한 것은 아무도 모릅니다.**

우리는 수학적 규칙이 정해져 있고 변하지 않는다고 생각합니다. 예를 들어 정사각형의 두 변의 길이를 곱하면 넓이를 알아낼 수 있습니다. 매번 같은 방식으로 계산해서 똑같은 결과를 얻을 수 있습니다. 하지만 공룡이 살았던 시대에는 사람이 살지 않았기 때문에 아무도 정사각형의 넓이를 계산해서 구하지 않았습니다.

어떤 동물들은 새끼가 몇 마리 사라진 것을 알아채는 걸로 봐서 수 감각이 있는 것 같지만, 우리처럼 덧셈을 하거나 수학을 이용하는 동물이 있는지는 알 수 없습니다.

인간이 만든 수학 법칙은 세상이 돌아가는 원리를 설명하는 유일한 방법이 아닐지도 모릅니다. 어쩌면 우주 먼 곳에 사는 외계인은 우리와는 전혀 다른 방식으로 설명하는 수학을 생각해 냈을지도 모릅니다.

### 한줄요약
**수학은 사람이 존재하기 전부터 있었을 수도 있고 사람이 만들어 낸 것일 수도 있습니다.**

### 태양을 도는 지구
오래전에 사람들은 태양이 지구 주위를 돈다고 생각했습니다. 하지만 오늘날 과학자들은 지구 같은 행성이 태양 주위를 도는 방법을 설명하는 수학적 규칙을 알고 있습니다. 이제 우리는 언제 지구가 태양계의 어디쯤에 있을지 수학을 이용해 예측할 수 있습니다.

우리는 수학을 이용해 우리를 둘러싼 세상을 설명한다. 하지만 그 수학 법칙을 우리가 발명한 것인지 발견한 것인지는 잘 모른다.

자연에서도 수학을 찾을 수 있다. 새는 사람처럼 수를 세지 못하지만, 어떤 새는 둥지에서 새끼가 사라진 것을 안다.

인간은 수학을 이용해 다양한 것을 알아낸다. 기울어진 탑이 무너질지 무너지지 않을지 알아낼 수 있다.

# 한눈에 보는 지식
## 2 일대일 대응으로 수량 기록하기

오늘날처럼 수를 세지 못했던 옛날 사람들은 일대일 대응의 방식을 이용했습니다. 일대일 대응이란 어떤 대상을 다른 대상과 짝 지어서 수량을 기록하는 것입니다. 원시인이 매머드 한 마리를 사냥할 때마다 뼈에 기호를 남긴 것처럼요.

**마찬가지로 만약 양치기가 양의 수만큼 돌을 가지고 있고 매일 밤 양이 한 마리씩 들어올 때마다 항아리에 돌을 하나씩 넣는다면, 사라진 양이 있는지 알 수 있습니다. 돌이 남을 테니까요. 하지만 몇 마리가 사라졌는지 알 수 있으려면 돌의 수를 세어야 합니다.**

일대일 대응은 오늘날에도 쓸모가 있습니다. 이 방법을 사용하여 스포츠 경기의 점수를 기록하기도 합니다. 손가락으로 수를 세는 것도 일대일 대응입니다. 손가락 하나가 물체 하나를 가리키니까요.

사람들은 수를 세기 위해 수에 이름(하나, 둘, 셋 등)을 붙였습니다. 이름이 있으면, "돌이 세 개 남았다"처럼 말할 수 있습니다. 그런 다음 양치기는 양 세 마리를 찾아 나서겠지요. 수 세기는 우리가 더 많은 수량을 다루고, 수에 관한 정보를 공유하고, 비교하고, 서로 거래할 수 있도록 해 줍니다.

### 한줄요약
오늘날처럼 수를 셀 수 있게 되기 전에는 수량을 기록하기 위해 일대일 대응을 이용했습니다.

### 점수 기록하기
**준비물** 종이, 연필

**실험 방법**
① 창밖으로 날아가는 새나 지나가는 자동차, 혹은 딸꾹질하는 횟수를 기록합니다.
② 새 한 마리, 자동차 한 대, 딸꾹질 한 번에 선 하나를 긋습니다.
③ 네 개까지 긋고 다섯 번째에는 선 네 개 위로 선을 긋습니다.
④ 그런 다음 처음부터 다시 시작합니다.

# 한눈에 보는 지식
## 3 수 체계

숫자는 수를 소리 나는 대로 쓰는 대신에 사용하는 기호입니다. 숫자를 사용해서 수를 나타내는 방법을 수 체계라고 합니다.

**우리가 사용하는 수 체계에서는 0, 1, 2, 3, 4, 5, 6, 7, 8, 9라는 10가지 기호만 사용해서 모든 수를 나타낼 수 있습니다. 수십억이나 수십조까지도요. 이렇게 할 수 있는 건 우리의 수 체계가 자릿값 체계이기 때문입니다. 각 숫자의 위치에 따라 얼마나 큰지를 나타내는 값이 달라진다는 뜻입니다.**

수를 나타낼 때 마지막 자리(맨 오른쪽)는 1의 자리입니다. 그 자리에 있는 숫자는 그냥 그 수 자체입니다. 한 칸 왼쪽은 10의 자리입니다. 그리고 그다음은 100의 자리와 같은 식으로 매번 10배씩 늘어납니다. 따라서 4,139라는 숫자는 (4×1000)+(1×100)+(3×10)+(9×1)을 뜻합니다. 이것은 우리가 여러 수를 위아래로 놓고 각각의 열을 더해서 합을 구할 수 있다는 뜻입니다.

고대 로마인은 자신들이 사용하는 수 체계 때문에 계산하는 데 큰 어려움을 겪었습니다. 수를 자릿값과 상관없이 알파벳으로 나타냈기 때문입니다. 보통 큰 숫자를 나타내는 알파벳으로 시작해 작아지는 순서로 씁니다. 그리고 모두 더해서 총합을 구합니다. (예를 들어, LXXVII=50+10+10+5+1+1=77이 됩니다.) 때로는 작은 수가 큰 수 앞에 오기도 하는데, 이건 뺀다는 뜻입니다. 따라서 4는 IV(5-1)가 되고, 90은 XC(100-10)이 됩니다. 알파벳이 아주 길어질 수도 있습니다.

### 한줄요약
우리가 사용하는 수 체계는 자릿값 체계로, 숫자의 자리가 값을 나타냅니다.

### 로마식 달력을 만들어 보자
**준비물** 종이, 연필, 색연필
**만드는 방법**
요일과 달을 뜻하는 영어 단어는 대부분 로마에 기원을 두고 있습니다. 로마 숫자를 이용해 이번 달의 달력을 고대 로마식 숫자로 만들어 보세요. 달력을 예쁘게 꾸며도 보세요.

우리의 수 체계는 0~9만 사용하는 자릿값 체계다.
고대 로마인은 알파벳을 숫자로 사용했다.

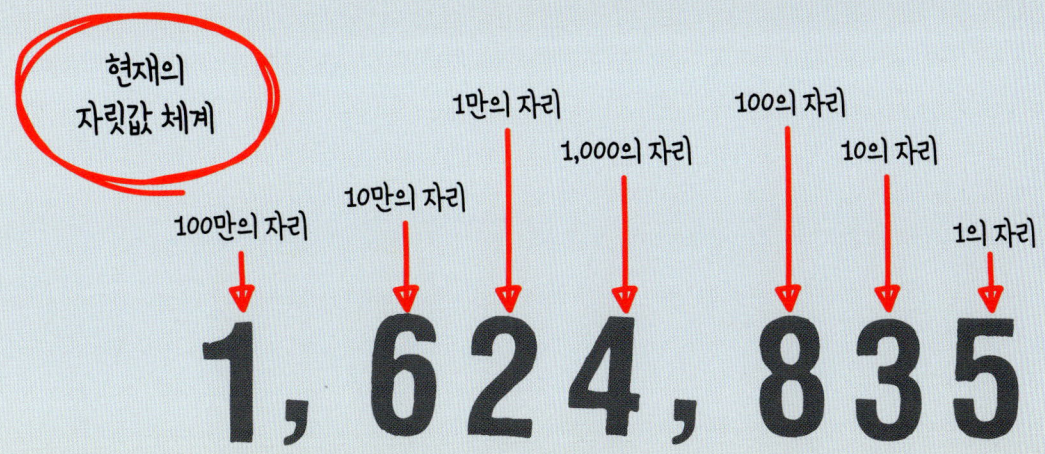

**현재의 자릿값 체계**

100만의 자리 / 10만의 자리 / 1만의 자리 / 1,000의 자리 / 100의 자리 / 10의 자리 / 1의 자리

1, 624, 835

**고대 로마의 숫자 체계**

| I | II | III | IV | V | VI | VII | VIII | IX | X |
|---|---|---|---|---|---|---|---|---|---|
| 1 | 2 | 3 | 4 | 5 | 6 | 7 | 8 | 9 | 10 |

| XI | XII | XIII | XIV | XV | XVI | XVII | XVIII | XIX | XX |
|---|---|---|---|---|---|---|---|---|---|
| 11 | 12 | 13 | 14 | 15 | 16 | 17 | 18 | 19 | 20 |

| XL | L | LX | XC | XCIX | C | D | M |
|---|---|---|---|---|---|---|---|
| 40 | 50 | 60 | 90 | 99 | 100 | 500 | 1,000 |

자릿값 체계에서는 수를 위아래로 놓으면 계산을 쉽게 할 수 있다. 고대 로마인은 이렇게 쉽게 계산할 수 없었다!

20
20
+ 4
----
44

XX + XX + IV =

# 한눈에 보는 지식
## 4 십진법

사람은 손가락이 10개라 10을 기본으로 하는 수 체계를 사용합니다. 만약 문어가 수를 셀 수 있다면, 자신의 다리 개수와 같은 수인 8을 기본으로 한 수 체계를 사용할지도 모릅니다.

**우리가 사용하는 수 체계는 9 다음인 10부터는 숫자를 다시 쓰기 때문에 '십진법'이라고 합니다. 우리의 자릿값 체계에서는 열을 나타내기 위해 기호 10을 사용합니다.**

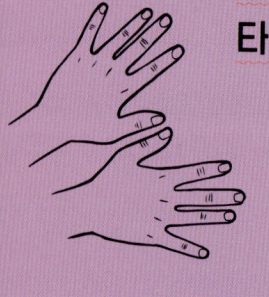

문어가 팔진법으로 수를 센다면 7까지 센 뒤, 8을 나타내기 위해 10을 사용할 것입니다. 십진법보다 작은 진법으로 수를 세면 몇몇 숫자는 아예 사용할 필요가 없습니다. 따라서 팔진법에서는 숫자 8과 9를 사용하지 않습니다.

이진법으로 나타낸 수는 이진수라고 합니다. 오로지 0과 1만을 사용하며, 2를 표현할 때부터는 다시 시작해 10이 됩니다. 이진수는 다음과 같이 매우 빨리 길어집니다.

| 0 | 1 | 2 | 3 | 4 | 5 | 6 | 7 | 8 | 9 | 10 |
|---|---|---|---|---|---|---|---|---|---|---|
| 0 | 1 | 10 | 11 | 100 | 101 | 110 | 111 | 1000 | 1001 | 1010 |

**한줄요약**
10은 항상 9에 1을 더한 수를 뜻하지는 않습니다. 어떤 진법을 사용하느냐에 따라 달라집니다.

### 컴퓨터는 어떻게 수를 셀까?
때때로 컴퓨터는 10 대신 16을 기본으로 하는 십육진법을 씁니다. 한 자리 숫자로는 10, 11, 12, 13, 14, 15를 쓸 방법이 없으므로 십육진법에서는 알파벳을 사용합니다. 10은 A, 11은 B, 12는 C, 13은 D, 14는 E, 15는 F가 됩니다. 그리고 십육진법의 10은 열여섯을 말합니다.

사람의 손가락 수 10에 맞춰진 우리의 수 체계는 9 다음부터는 숫자를 재사용한다.

다리가 8개인 문어의 수 10을 십진법의 수 체계로 나타내면 8이고 문어의 수 20을 십진법으로 나타내면 16이다.

발가락이 4개인 티라노사우루스가 10이라고 쓴 수는 십진법의 수로는 4다. 티라노사우루스의 수 20은 십진법으로는 8이고, 티라노사우루스의 숫자 100은 십진법의 수로는 16이다.

## 한눈에 보는 지식
## 5 분수

피자 한 판을 다섯 명이 나누어 먹어야 한다고 생각해 보세요. 각자 얼마나 먹을 수 있을까요? 답은 '한 판보다 적다'입니다! 만약 세 명이서 피자를 나누어 먹는다면 어떨까요? 여전히 한 판보다 적은 양이겠지만, 한 사람당 먹을 수 있는 조각은 좀 더 클 것입니다. 0과 1 사이의 수를 세거나 측정하려면 특별한 수가 있어야 하는데, 이런 수를 분수라고 합니다.

**피자 한 판을 똑같이 세 조각으로 자르면, 3분의 1 조각이 세 개 생깁니다. 3분의 1은 $\frac{1}{3}$로 나타낼 수 있습니다. 1을 세 부분으로 쪼갰다는 (혹은 나누었다는) 뜻입니다.**

만약 한 명이 피자를 먹지 않고 집에 가는 바람에 두 명이서 피자 세 조각을 먹는다면 어떨까요? 한 사람은 $\frac{2}{3}$ 조각을, 다른 사람은 $\frac{1}{3}$ 조각을 먹을 수 있습니다. 하지만 그러면 공평하지 않습니다. 남은 $\frac{1}{3}$ 조각을 절반으로 $\frac{1}{2}$ 나누어 두 조각으로 만드는 것이 가장 좋습니다. $\frac{1}{3}$의 절반은 $\frac{1}{6}$이므로 새로 생긴 조각은 피자 한 판의 $\frac{1}{6}$ 조각이 됩니다.

계산식으로 나타내면 다음과 같습니다.

$$\frac{1}{2} \times \frac{1}{3} = \frac{1}{6}$$

아래처럼 위에 있는 수와 아래에 있는 수끼리 곱하면 답을 구할 수 있습니다.

$$\frac{1 \times 1 = 1}{2 \times 3 = 6}$$

### 한줄요약
분수를 이용하면 자연수가 아닌 일부분이나 조각을 다룰 수 있습니다.

### 소수가 최고야!

소수는 분수와 비슷합니다. 소수는 수를 10분의 1이나 100분의 1, 1,000분의 1 등으로 쪼갤 수 있습니다. 우리는 자연수와 소수점이 있는 수를 구분할 수 있습니다. 따라서 1.0은 1만 있고 10분의 1은 없는 수, 0.5는 0과 10분의 1이 다섯 개인 수 혹은 $\frac{5}{10}$, 3.7은 3과 10분의 1이 일곱 개인 수 혹은 3과 $\frac{7}{10}$이라는 뜻입니다. 분수보다는 소수가 계산하기 쉽습니다. $\frac{5}{8} + \frac{3}{10}$은 꽤 어렵지만, 소수로 바꾸면 훨씬 쉽습니다. 0.625+0.3=0.925입니다.

분수는 뭔가를 나눌 때 쓰기 좋다.
어떤 물건이나 물건 여러 개를 더 작은 부분으로 나눌 수 있다.

피자 한 판을 세 사람이
나누어 먹을 때는 3분의 1 조각으로
똑같이 나누면 된다.

피자 두 판을 다섯 사람이
나누어 먹을 때는 각 피자를 5분의 1 조각으로
똑같이 나누면 된다.

분수를 이용하면 크기를 서로 다르게 나눌 수도 있다.

작은 피자 여섯 판을 네 사람이 나누어 먹을 때는
피자 두 판만 반($\frac{1}{2}$)으로 나누면 된다.
한 사람이 피자 한 판과 2분의 1 조각을
먹으면 된다.

피자 한 판을 두 사람이 나누어 먹을 때는
큰 조각($\frac{3}{4}$)과 작은 조각($\frac{1}{4}$)으로,
즉 서로 다른 크기로 나눌 수 있다.

## 한눈에 보는 지식
### 6 끝나지 않는 수

여러분은 어디까지 계속 수를 셀 수 있나요? 이론적으로는 영원히 셀 수 있습니다. 하지만 금세 지겨워지겠지요. 쉬지 않고 밤낮없이 1초에 1개씩 센다면, 100만까지 세는 데 거의 12일이 걸립니다. 10억까지 세는 데는 31년 하고도 7개월이 걸리고요!

1,000은 10×10×100이므로, $10^3$으로 씁니다.
1,000,000 = $10^6$
1,000,000,000 = $10^9$

천($10^3$), 만($10^4$), 억($10^8$), 조($10^{12}$), 경($10^{16}$), 해($10^{20}$)처럼 큰 수를 부르는 이름도 따로 있습니다. 이런 이름도 다 떨어지고 나면 특별한 이름을 붙여서 아주 큰 수를 표현합니다.

구골은 1 뒤에 0이 100개 붙은 수($10^{100}$)입니다. 구골플렉스는 1 뒤에 0이 구골 개 붙은 수($10^{구골}$)입니다. 사람들은 구골플렉스는 고사하고 구골 개만큼 있는 사물도 찾아내지 못했습니다. 우주에 있는 모든 원자를 다 더해도 구골플렉스가 되지 않습니다.

### 한줄요약
수는 영원히 끝나지 않지만, 수를 부르는 이름에는 한계가 있습니다!

### 수는 끝없이 이어진다
수는 끝이 없고, 무한합니다. 영원히 계속해서 셀 수 있다는 뜻입니다. 아무리 큰 수를 셌다고 해도 언제나 거기에 1을 더할 수 있습니다. -1, -2, …, -4,892,543…처럼 음수를 이용하면 0 아래로도 영원히 셀 수 있습니다.

수는 영원히 세도 셀 수 없을 만큼 커지기 때문에
아주 큰 수를 짧게 쓰는 방법을 만들어 냈다.

어떤 천문학자들은 지구에서
1,000,000,000,000,000,000,000,000개의
별을 볼 수 있다고 주장한다.
$10^{24}$으로, 1자라고 부르는 수다.

우리가 볼 수 없는
우주는 훨씬 더 넓고,
얼마나 큰지는 아무도 모른다.
과연 우주에는 별이
몇 개나 있을까?

# 다양한 도형

도형은 우리 주변 어디에서나 볼 수 있습니다. 어떤 도형은 정사각형이나 정육각형처럼 반듯하게 생겼고, 어떤 도형은 돌멩이나 뾰족뾰족한 나뭇잎처럼 울퉁불퉁하고 불규칙하게 생겼습니다. 어떤 도형은 서로 잘 들어맞거나 계속 이어지면서 패턴을 만들기도 합니다. 도형은 종잇조각처럼 납작한 평면일 수도 있고, 상자나 통통 튀는 공처럼 공간을 차지하는 입체일 수도 있습니다.

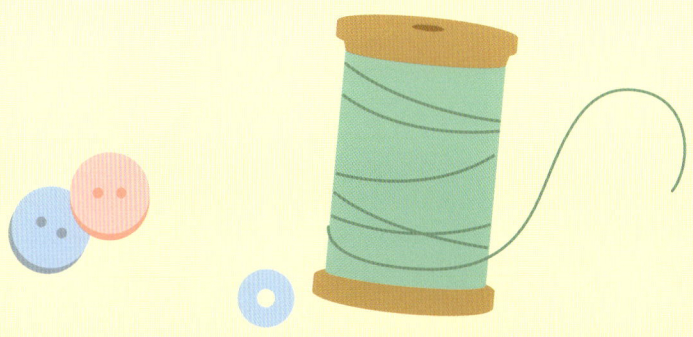

# 다양한 도형
# 읽기 전에 알아두기

**겉넓이** 입체도형이나 물체를 둘러싼 면의 넓이를 모두 합한 것. 표면적이라고도 한다.

**길이** 어떤 도형이나 물체의 한쪽 끝에서 다른 쪽 끝까지의 거리.

**넓이** 어떤 면의 크기. 면적이라고도 한다.

**높이** 도형이나 물체를 밑에서부터 위까지 잰 거리.

**단위** cm나 mm, g, 분처럼 기준이 되는 양.

**대칭** 거울로 보거나 회전했을 때도 똑같이 보이는 도형이나 물체.

**대칭축** 대칭인 도형이나 물체를 절반으로 나누는 직선. 만약 대칭인 도형을 대칭축을 따라 접으면 양쪽이 완전히 겹쳐진다.

**둘레** 평면도형의 가장자리를 따라 잰 거리.

**면** 입체도형이나 물체의 평평한 표면.

**무한** 끝이나 한계가 없이 계속해서 이어지는 것.

**반사** 거울에 비친 상. 거울을 보면 거울에 비친 자신의 모습을 볼 수 있다.

**변환** 도형이나 물체를 바꾸는 일. 반사, 회전, 평행 이동, 확대, 축소는 모두 변환의 한 종류다.

**부피** 입체도형이나 물체가 차지하고 있는 공간의 크기.

**불규칙 도형** 규칙적이지 않은 도형.

**비** 두 개의 수 또는 양을 서로 비교하여 몇 배인지를 나타내는 관계. 예를 들어, 한 변이 3cm이고 다른 변이 4cm인 직사각형이 있을 때 두 변의 비는 3:4다.

**비율** 비를 하나의 수로 나타낸 것. 어떤 한 수를 기준으로 다른 수가 몇 배인지를 분수나 소수로 나타낸다.

**왜곡** 도형을 잡아당기거나 줄이거나 비틀어 모양을 바꾸는 일.

**유한** 끝이 있는 것.

**정다각형** 모든 변과 모든 각이 똑같은 도형.

**쪽매맞춤** 도형을 반복해서 늘어놓아 아무 틈이나 겹치는 부분 없이 평면을 채울 수 있는 패턴.

**차원** 크기를 측정할 수 있는 방향의 수. 길이 방향, 높이 방향, 폭 방향을 말한다. 직선은 1차원이고, 평면은 2차원이며, 입체인 물체는 3차원이다.

**측정** 크기나 양을 알아내는 일. 예를 들어, 거리나 무게, 부피, 시간, 온도를 측정할 수 있다.

**패턴** 반복되는 무늬나 배열.

**평행 이동** 반사나 회전, 확대, 축소를 사용하지 않고 도형이나 물체를 움직이는 일.

**폭** 어떤 도형이나 물체의 한쪽 면에서 반대쪽 면까지의 거리. 너비라고도 한다.

**프랙털** 작은 구조가 전체 구조와 닮은 형태로 끝없이 되풀이되는 패턴.

**확대 및 축소** 비례를 그대로 유지한 채 도형이나 물체를 크거나 작게 만드는 일.

**회전** 도형이나 물체를 어떤 한 점을 중심으로 돌리는 일.

# 한눈에 보는 지식
## ? 차원

원과 구는 어떻게 다른가요? 정사각형과 정육면체는요? 이 둘 사이의 차이는 차원입니다. 차원은 크기를 측정할 수 있는 특정 방향을 말합니다. 그리고 도형의 차원의 수를 알면 평면인지 입체인지 알 수 있습니다.

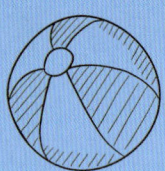

**측정할 수 없을 정도로 아주 작은 점이 두 개 있다고 상상하면서 두 점을 이어 봅니다. 그러면 선이 생깁니다. 선에는 한 방향으로 측정할 수 있는 길이가 있습니다. 즉, 선은 1차원이라는 의미입니다.**

만약 선을 더 그려 넣어 어떤 공간을 둘러싸면, 삼각형이나 사각형 같은 평면도형이 됩니다. 평면도형은 두 방향에서 길이를 잴 수 있습니다. 예를 들어, 직사각형은 길이와 폭을 잴 수 있습니다. 따라서 이런 평면도형은 2차원입니다. 2차원 도형은 면의 크기를 계산할 수 있는데, 이것을 넓이라고 합니다.

이번에는 평면도형을 공간을 차지하는 도형으로 바꾼다고 상상해 보세요. 삼각형이라면 삼각뿔 모양으로 사각형이라면 육면체로 바꿀 수 있습니다. 그러면 길이를 잴 수 있는 세 번째 방향이 생깁니다. 길이와 폭 그리고 높이를 측정할 수 있습니다. 따라서 입체도형은 3차원입니다. 3차원 도형이 차지하는 공간의 크기도 계산할 수 있는데, 이것을 부피라고 합니다.

### 한줄요약
선은 1차원이며,
평면도형은 2차원,
입체도형은 3차원이다.

### 도형과 입체도형
집이나 학교에서 평면인 정사각형, 원, 직사각형 같은 도형을 찾아보세요. 그다음에는 정육면체, 원통, 직육면체처럼 3차원인 물체를 찾아보세요.

평면도형은 2차원이고 넓이를 계산할 수 있다.
입체도형은 3차원이고 부피를 계산할 수 있다.

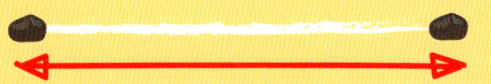

선은 1차원이다. 한 방향으로만 길이를 잴 수 있다.

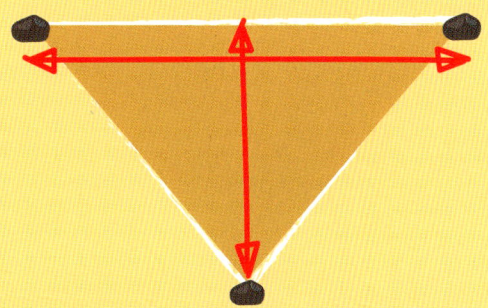

평면도형은 2차원이다.
두 방향으로 길이를 측정할 수 있고,
넓이를 계산할 수 있다.

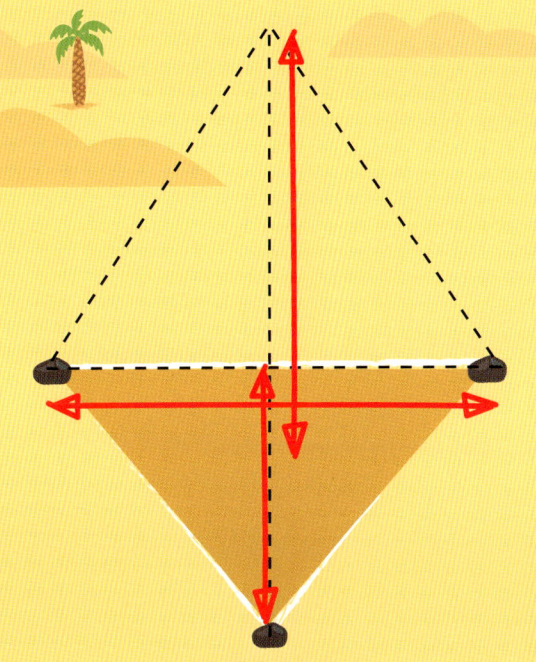

한 방향을 더하면
3차원 도형이 된다.

3차원 도형은 공간을 차지하며,
부피를 계산할 수 있다.

# 한눈에 보는 지식
## 8 넓이와 부피

오른쪽에 보이는 목장의 울타리처럼 2차원 도형을 둘러싼 선을 둘레라고 합니다. 그 길이는 센티미터(cm)나 미터(m)처럼 길이를 나타내는 단위로 측정합니다. 모든 면의 길이를 다 더하면 전체 둘레의 길이를 구할 수 있습니다.

**둘레에 둘러싸인 공간의 크기를 넓이라고 합니다. 땅은 넓이로 나타낼 수 있습니다. 넓이는 제곱센티미터($cm^2$)나 제곱미터($m^2$)처럼 '제곱'이 들어간 단위로 측정합니다. 정사각형이나 직사각형의 넓이는 쉽게 알아낼 수 있습니다. 길이에 폭을 곱하면 됩니다.**

도형의 모양에 따라 둘레가 같아도 그 안의 넓이는 다를 수 있습니다. 반대로 둘레가 달라도 넓이는 같을 수 있습니다.

3차원 도형의 경우 모든 면의 넓이를 합하면 전체 겉넓이가 됩니다. 3차원 도형으로 감싸인 공간의 크기는 부피라고 합니다. 부피는 세제곱센티미터($cm^3$)처럼 '세제곱'이 들어간 단위로 측정합니다. 여러 3차원 도형은 부피를 쉽게 알아낼 수 있습니다. 예를 들어, 직육면체의 부피는 길이×폭×높이입니다. 겉넓이가 같아도 부피는 다를 수 있습니다. 반대로 겉넓이가 달라도 부피는 같을 수 있습니다.

### 한줄요약
2차원 도형은 둘레와 넓이를 가지고, 3차원 도형은 겉넓이와 부피를 가집니다.

### 넓이 구하기
**준비물** 실, 모눈종이

**실험 방법**
① 실의 양 끝을 이어서 고리 모양을 만든 뒤 모눈종이 위에 놓습니다.
② 실 안쪽에 있는 네모 칸의 수를 셉니다.
③ 똑같은 길이의 실로 다른 모양의 도형을 만든 뒤 안쪽의 네모 칸을 세어 봅니다.
④ 어떤 모양일 때 실 안쪽의 네모 칸이 많은지 비교해 봅시다.
→ 둘레가 같아도 넓이가 다르다는 사실을 알 수 있습니다!

넓이가 같은 평면도형이라도 둘레는 다를 수 있고,
부피가 같은 입체도형이라도 겉넓이는 다를 수 있다.

우유갑 안에 들어 있던 우유가 책상 위에 쏟아지면, 우유의 부피는 그대로이지만 겉넓이는 커진다.

## 한눈에 보는 지식
### 9 겉넓이 대 부피의 비

부피가 같은 길고 가느다란 도형이 짧고 굵은 도형보다 언제나 겉넓이가 크다는 사실을 알고 있나요? 입체도형의 겉넓이와 부피의 관계를 겉넓이 대 부피의 비라고 합니다.

**부피에 비해 겉넓이가 큰 동물은 부피에 비해 겉넓이가 작은 동물보다 체온을 유지하기가 더 어렵습니다. 뜨거운 태양이나 차가운 바람이 동물의 겉넓이, 즉 피부에 영향을 미치기 때문입니다. 작은 쥐는 커다란 개나 코끼리보다 추위를 더 빨리 느낍니다. 겉넓이를 부피로 나눈 값이 더 크기 때문입니다.**

이상하게 들릴 수 있지만, 초콜릿 아몬드를 먹을 때, 아몬드의 크기가 작을수록 초콜릿 맛이 더 많이 납니다. 아몬드의 크기가 작으면 아몬드 속의 내용물과 비교했을 때 초콜릿의 비율이 더 크기 때문입니다. 부피에 대한 겉넓이의 비율이 더 큰 것이지요.

**한줄요약**
통통한 입체도형은 길거나 납작한 입체도형보다 부피에 대한 겉넓이의 비율이 작습니다.

### 겉넓이와 녹는 속도
**준비물** 저울, 각설탕, 가루 설탕, 컵 두 개, 뜨거운 물, 도와줄 어른
**실험 방법**
① 각설탕 두 개의 무게를 잰 다음 가루 설탕을 같은 무게만큼 준비합니다.
② 똑같은 컵 두 개에 뜨거운 물을 붓습니다.
③ 한 컵에는 가루 설탕을, 다른 한 컵에는 각설탕을 넣습니다.
④ 어느 쪽이 먼저 녹는지 관찰합니다.

정답은 95쪽에 있습니다.

겉넓이 대 부피의 비는 온도와 맛, 물이 마르는 시간 등 여러 가지 현상에 영향을 미친다.

뱀은 따뜻한 곳에서는 몸을 펴고, 추운 곳에서는 몸을 돌돌 말아 따뜻하게 한다. 몸을 돌돌 말면 차가운 공기에 드러나는 피부의 넓이가 줄어든다.

초콜릿을 입힌 아몬드의 크기가 작으면 부피에 대한 겉넓이의 비율이 크다. 그래서 큰 아몬드보다 초콜릿 맛이 더 많이 난다. 하지만 실제로는 초콜릿의 양이 더 적다!

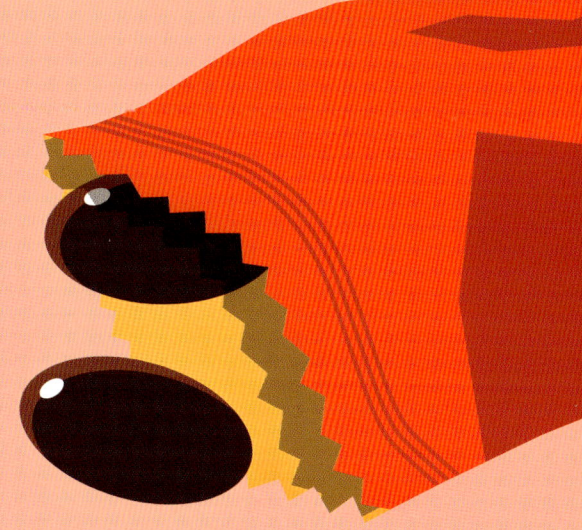

물은 겉넓이가 넓을 때 더 빨리 마른다. 그래서 젖은 수영복을 뭉쳐 놓았을 때보다 펼쳐 놓았을 때 더 빨리 마른다.

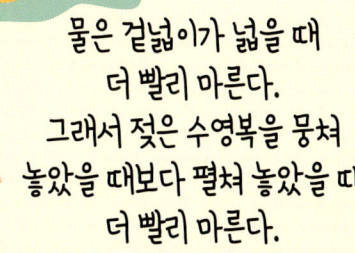

## 한눈에 보는 지식
## 10 튼튼한 구조

사람은 3차원 물체를 많이 만듭니다. 그 물체의 튼튼함은 물체를 만드는 재료에서 나오기도 하지만, 모양에서 나오기도 합니다.

**코끼리 한 마리가 마을에 들어와 날뛰며 여러 건축물을 들이받고 다닌다고 생각해 보세요. 어떤 모양의 건축물이 가장 튼튼할까요? 오늘날의 건물은 대부분 정사각형이나 직사각형이지만, 사실 가장 튼튼한 모양은 아닙니다. 우리가 건물을 직사각형으로 짓는 것은 편리한 점이 많기 때문입니다. 오히려 삼각형과 육각형, 심지어는 원으로 건축물을 지으면 변형시키기 어려워 실제로는 더 튼튼합니다.**

자세히 살펴보면 건물에서 삼각형 모양을 많이 볼 수 있습니다. 지붕을 삼각형으로 해 놓은 곳이 꽤 많습니다. 많은 고층 건물은 아래가 넓고 위로 올라갈수록 좁아집니다. 그러면 넘어질 가능성이 줄어듭니다.

강 양쪽을 연결하는 다리는 보통 평평하게 만들지 않습니다. 아치모양으로 만들지요. 아치모양은 위에서 누르는 무게가 돌을 제자리에 고정시키기 때문에 튼튼합니다. 이때 돌을 쐐기 모양으로 만들기 때문에 비집고 들어갈 공간이 없어서 돌이 아래로 떨어지지 않고 서로 단단하게 맞붙습니다.

### 한줄요약
3차원 물체의 튼튼함은 그것을 만드는 모양에 따라 달라질 수 있습니다.

### 구부리고 부수기
**준비물** 마분지, 가위, 접착테이프
**실험 방법**
① 마분지를 이용해 삼각형, 사각형, 아치 모양을 만듭니다.
② 각각을 내리눌러 모양이 얼마나 쉽게 변하는지 관찰합니다.

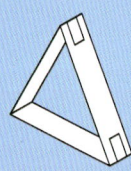 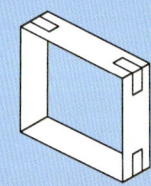 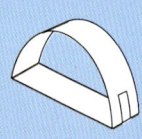

어떤 모양으로 만든 구조물은
다른 모양으로 만든 구조물보다 튼튼하다.

아치 모양은 튼튼한 구조물을 만든다.
돌의 위쪽이 아래쪽보다 넓어 위에서
눌러도 밑으로 떨어지지 않는다.

가장자리만 받치는
위가 평평한 구조물은
튼튼한 구조물이라 할 수 없다.
가운데에 힘을 가하면
무너질 수 있다.

이글루는 위에서 누르면
얼음 벽돌이 더 단단하게 맞물기
때문에 튼튼하다. 옆의 벽돌끼리
딱 붙어 있기 때문에 윗부분이
아래로 꺼지지 않는다.

## 한눈에 보는 지식
## 11 프랙털 패턴

어떤 패턴은 아무리 작게 쪼개도 계속 똑같은 모양이 나온다는 사실을 알아챈 적이 있나요? 나무줄기는 가지로 갈라지고, 가지는 다시 작은 가지로 갈라지고, 작은 가지는 더 작은 가지로 갈라집니다. 더 작은 규모로 계속 반복될 수 있는 이런 패턴을 프랙털이라고 합니다.

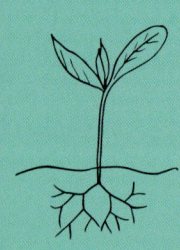

나뭇가지와 뿌리는 한 줄기에서 퍼져 나가는 패턴을 그립니다. 하지만 어떤 프랙털 패턴은 공간을 둘러싸기도 합니다. 그런 사례 하나가 '코흐 눈송이'입니다. 공간을 둘러싼 도형 모양의 프랙털은 패턴이 반복될수록 둘레가 길어집니다. 구불거리는 부분이 늘어날 때마다 둘레의 총합도 커집니다.

하지만 도형 안쪽의 넓이는 특정 크기 이상으로 커지지 않습니다. 처음에 찍은 점의 위치가 그대로이기 때문입니다. 이것은 말도 안 되는 결과로 이어지는데, 도형의 둘레는 영원히 길어질 수 있어서 무한합니다. 하지만 그 안쪽의 넓이는 유한(한계가 있음)합니다. 넓이는 처음 시작할 때 그린 도형을 둘러싼 원보다 더 커지지 않습니다.

### 한줄 요약
프랙털은 계속 작아져도 모양이 반복되는 패턴입니다.

### 코흐 눈송이 그리기

**준비물** 자, 연필, 지우개

**실험 방법**

① 정삼각형을 그린 다음, 각 변을 똑같이 3등분합니다.
② 각 변의 가운데 부분을 밑변으로 하는 삼각형을 각 변위에 그린 다음 변이 겹치는 부분을 지웁니다.
③ 이 과정을 끝없이 계속합니다.

→ 여러분이 그린 프랙털을 '코흐 눈송이'라고 합니다.

   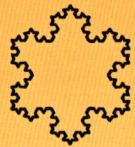

자연에서는
프랙털 패턴을
많이 볼 수 있다.

번개는 너무 빨리 지나가서
보기 어렵지만 번개가 갈라지는
모양은 프랙털 패턴이다.

완벽하게 매끄러운 산을 따라
흐르는 시냇물이라면 아마 프랙털 패턴을
만들 것이다. 하지만 실제로는 표면이
울퉁불퉁해서 그렇게
되지는 않는다.

나뭇가지는
흔히 프랙털 패턴을 만든다.
땅속 뿌리도
마찬가지다.

양치식물은 프랙털이다.
각각의 식물은 잎으로 나누어지고,
각각의 잎은 식물과 같은 패턴으로 다시 나누어진다.
그렇게 나누어진 작은 잎은 똑같은 모양으로
더 작게 나누어진다.

## 한눈에 보는 지식
## 12 도형의 변환

거울에 여러분의 몸을 비춰 보면 왼쪽과 오른쪽이 바뀌어 있음을 알 수 있습니다. 오른쪽 무릎에 흉터가 있다면, 거울에 비친 반사된 상에는 왼쪽 무릎에 흉터가 있습니다. 반사는 우리가 도형이나 그림을 변환하는 방법 가운데 하나입니다. 뒤집는 것과 같습니다. 위에서 아래로 뒤집힐 수도 있고, 왼쪽에서 오른쪽으로 뒤집힐 수도 있습니다.

우리가 도형을 변환하는 데는 여러 가지 방법이 있는데, 회전과 평행 이동, 확대, 축소 등이 있습니다. 어떤 도형을 반사하거나 회전하거나 평행 이동을 해도 도형의 크기와 모양은 그대로입니다.

회전은 어떤 것을 돌린다는 뜻입니다. 제자리에 그대로 있어야 하는 한 점을 고른 뒤 그 점을 중심으로 도형이나 물체를 돌립니다. 완전히 한 바퀴 돌리면 처음으로 돌아와 완전히 똑같아집니다. 평행 이동은 한 방향으로 물체를 움직인다는 뜻입니다.

확대, 축소는 더 크게 혹은 작게 만드는 것입니다. 하지만 비율은 그대로입니다. 마치 돋보기나 거꾸로 든 망원경(물체가 더 작아 보입니다)을 통해 보는 것과 같습니다.

### 한줄요약
반사와 회전, 평행 이동은 크기는 그대로인 채 도형만 움직인 것이고, 확대나 축소는 더 크거나 작게 만든 것입니다.

### 확대하기
**준비물** 그림, 자, 연필, 종이

**실험 방법**
① 내가 좋아하는 그림 위에 선을 그어 정사각형의 작은 네모 칸들을 그려 모눈종이처럼 만듭니다.
② 다른 종이에 똑같은 방식으로 정사각형의 네모 칸의 크기가 2배 더 큰 모눈종이를 그립니다.
③ 작은 네모 칸 안의 그림을 큰 네모 칸에 똑같이 옮겨 그립니다.
⋯ 완성된 그림은 똑같이 생겼지만, 크기가 2배 더 클 거예요!

## 회전하거나 반사하거나 평행 이동하거나 확대/축소하면 도형이나 이미지를 변환할 수 있다.

어떤 물체를 한 점을 중심으로 돌리면 회전이 된다. 크기와 모양은 똑같고, 원을 그리듯 움직인다.

반사는 거울에 비친 모습을 말한다. 물체는 완전히 똑같고, 단순히 뒤집혀 있을 뿐이다.

평행 이동은 물체를 다른 위치로 옮기는 것이다. 그 외에는 달라지는 것이 없다.

어떤 물체를 확대하거나 축소하면 모양과 비율은 그대로다. 하지만 더 커지거나 작아진다.

# 한눈에 보는 지식
## 13 대칭

여러분의 몸을 거울 속에 비춰 보세요. 여러분 몸의 왼쪽과 오른쪽이 대략 비슷해 보이나요? 여러분의 몸 한쪽은 나머지 한쪽이 반사된 것처럼 거의 똑같습니다. 만약 여러분의 몸을 반으로 접을 수 있다면, 왼쪽 반이 오른쪽 반과 딱 겹쳐지도록 할 수 있습니다. 여러분의 몸이 거의 대칭이기 때문입니다.

**만약 코와 배꼽을 잇는 상상의 선을 그려 몸을 반으로 나눈다면, 여러분은 그 선을 중심으로 대칭이 됩니다. 이 가상의 선을 '대칭축'이라고 합니다.**

대칭 도형은 대칭축을 중심으로 접으면 정확하게 겹칩니다. 대칭축이 여러 개인 도형도 있습니다. 그런 도형은 꼭 맞게 겹치도록 접는 방향이 여러 개입니다. 직사각형은 대칭축이 두 개이고, 정사각형은 네 개입니다. 정사각형은 위에서 아래로, 왼쪽에서 오른쪽으로, 두 대각선을 따라 접을 수 있습니다.

원은 어느 지점에서도 반으로 접을 수 있습니다. 따라서 원에는 대칭축이 무한히, 즉 수도 없이 많습니다. 예를 들어, 별처럼 회전해도 똑같은 도형을 회전 대칭 도형이라고 합니다.

### 한줄요약
대칭 도형은 대칭축의 양쪽이 똑같으며, 대칭축은 한 개 혹은 여러 개가 있습니다.

### 가면 만들기
**준비물** 종이, 연필, 가위, 두꺼운 종이, 색연필, 고무줄
**실험 방법**
① 얼굴 크기의 종이를 반으로 접은 뒤, 접힌 부분을 가운데 둔 채 동물이나 괴물의 얼굴을 절반만 그립니다.
② 접은 채로 그림을 따라 가위로 오려 냅니다.
③ 접힌 부분을 펴서 대칭인 얼굴을 두꺼운 종이 위에 놓고 모양대로 오려 냅니다.
④ 얼굴을 멋지게 색칠하고, 양쪽 끝에 구멍을 내 고무줄을 끼웁니다.

# 대칭축 정확히 그리기

점선이 시작되는 부분이 각변의 중간점이어야 해요.
정삼각형이라 세변의 길이도 같아야 하고.

정삼각형은 대칭축이 세 개다.

직사각형은 대칭축이 두 개다.

정사각형은 대칭축이 네 개다.

원은 대칭축이 무한히 많다.

이 별은 회전 대칭 도형이다.
위의 그림처럼 다섯 번을 돌리면 모양이 똑같아진다.

사람을 비롯한 대부분의 동물은 한 축을 중심으로 거의 대칭을 이룬다.

# 한눈에 보는 지식
## 14 쪽매맞춤

포장지, 벽지, 천은 줄무늬, 땡땡이, 꽃, 슈퍼 히어로, 자동차, 공룡, 요정 등 무늬가 다양합니다. 하지만 자세히 보면 그런 그림은 정사각형, 직사각형, 육각형, 삼각형 등의 모양이 계속 되풀이되고 있음을 알 수 있습니다. 예를 들어, 회전하거나 반사되어 변환될 수는 있지만, 그래도 그림은 항상 똑같습니다.

M. C. 에스허르

도형이 서로 맞물리면서 아무 틈 없이 평면을 메우는 것을 '쪽매맞춤'이라고 합니다. 정사각형이나 직사각형을 계속 늘어놓아 평면을 메우는 것은 쉽습니다. 그래서 대부분의 바닥이나 벽의 타일이 정사각형 또는 직사각형입니다. 육각형과 몇몇 삼각형도 쪽매맞춤이 가능합니다. 하지만 원으로는 쪽매맞춤을 할 수 없습니다. 언제나 원과 원 사이에는 작은 틈이 생기기 때문입니다.

여러 종류의 도형을 이용해 쪽매맞춤 패턴을 그릴 수도 있습니다. 예술가인 M. C. 에스허르는 기이한 쪽매맞춤을 활용해 많은 그림을 그렸습니다. 도마뱀, 박쥐, 새와 같은 동물 모양의 도형을 서로 완전히 맞물리게 그렸습니다.

### 한줄요약
도형이 아무 틈 없이 서로 완전히 맞물리게 하는 것을 쪽매맞춤이라고 합니다.

### 자신만의 벽지 디자인하기
**준비물** 종이, 자, 연필, 가위, 색연필
**만드는 방법**
① 쪽매맞춤에 쓸 도형을 선택하고, 그 안에 그림이나 무늬를 그립니다.
② 그림이 그려진 도형을 아주 많이 만듭니다.
③ 이 도형을 꼭 맞게 늘어놓아 패턴을 만들어 벽지를 완성합니다.
⋯ 컴퓨터로 도형에 그림을 그리거나, 그림이 그려진 도형을 스캔하여 프린트한 뒤에 벽지를 디자인해도 됩니다.

# 자연 속의 수

수학은 자연계 어디에나 있고, 어떤 수와 도형과 패턴은 자연 속에서 계속해서 나타납니다. 자연은 원, 곡선, 나선을 가장 좋아합니다. 우리도 동그란 과일과 꽃, 나선형의 달팽이 껍데기와 은하수, 구불구불 곡선으로 흘러가는 강물, 동그랗게 퍼져나가는 잔물결, 아치형으로 걸린 무지개 등에서 원, 나선형, 곡선을 찾을 수 있습니다. 자연은 수학을 전혀 모르면서도 이런 모양을 만듭니다. 게다가 우리가 이런 도형과 패턴에 숨어 있는 비밀을 알아내기 훨씬 전부터 그렇게 만들어 왔습니다.

# 자연 속의 수
## 읽기 전에 알아두기

**넓이** 어떤 면의 크기. 면적이라고도 한다.

**둘레** 2차원 도형의 가장자리를 따라 잰 거리.

**반지름** 원의 중심에서 둘레까지의 거리. 지름의 반이다.

**비** 두 개의 수 또는 양을 서로 비교하여 몇 배인지를 나타내는 관계. 예를 들어, 한 변이 3cm이고 다른 변이 4cm인 직사각형이 있을 때 두 변의 비는 3:4다.

**수열** 특별한 순서에 따라 나열된 수나 도형.

**원주** 원의 바깥쪽을 잰 거리. 원주는 원의 둘레를 뜻한다.

**제곱** 같은 수를 두 번 곱하는 것.

**지름** 원 위의 한 점에서 중심을 지나 다시 원 위의 한 점까지 이어지는 선분의 길이.

**파이(π)** 원을 정의하는 특별한 수(약 3.14). 원의 지름에 파이를 곱하면 원주의 길이가 되고, 반지름의 제곱에 파이를 곱하면 원의 넓이가 된다. π는 원주율을 나타내는 기호다.

**패턴** 반복되는 무늬나 수열.

**피보나치 수열** 이탈리아 수학자 피보나치의 이름을 딴 수열. 앞의 두 수의 합이 바로 뒤의 수가 되며, 다음과 같이 시작한다. 0, 1, 1, 2, 3, 5, 8, 13, 21, 34….

**황금 나선** 1:1.618 비에 따라 만든 나선.

**황금 사각형** 두 변의 비가 약 1:1.618인 사각형. 황금 사각형은 예술과 건물에서 종종 볼 수 있다.

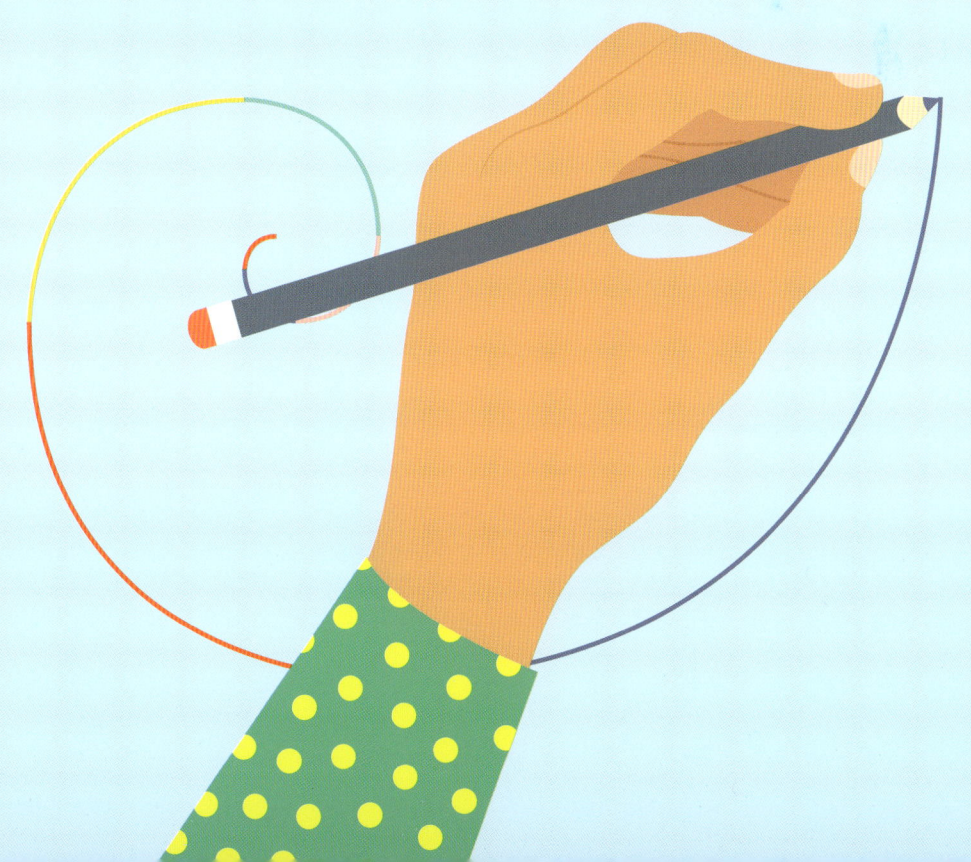

## 한눈에 보는 지식
## 15 파이 한 조각

자연에는 원과 곡선이 가득합니다. 원은 완벽한 도형이라고도 불립니다. 원은 뭔가를 안에 담기에 가장 좋은 도형입니다. 어느 곳 하나 모난 곳이 없고, 둘레 위의 모든 점은 중심으로부터 똑같은 거리에 있습니다.

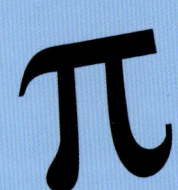

원의 둘레는 원주라고 합니다. 원 위의 어느 한 점에서 출발해 중심점을 지나 반대쪽에 있는 점으로 직선을 그으면 지름이 됩니다. 어느 점에서부터 긋든 지름은 항상 같습니다. 지름의 반은 반지름이라고 합니다.

원에는 아주 특이한 성질이 있습니다. 원주는 항상 지름에 파이라고 하는 특별한 수를 곱한 값과 같습니다. 파이의 기호는 $\pi$이고, 그 값은 약 3.14 또는 $\frac{22}{7}$입니다. 파이는 무려 4,000년 전에 발견되었습니다. 원의 넓이는 항상 파이($\pi$)×반지름×반지름=$\pi r^2$입니다.

정말 흥미로운 건 파이가 자연계에서도 볼 수 있다는 점입니다. 단지 원을 설명할 때에만 사용하는 숫자가 아니라는 뜻입니다. 만약 사행천(뱀처럼 구불구불한 강)의 길이를 측정하려고 한다면, 먼저 강의 시작점에서 바다에 닿는 지점까지의 직선거리를 먼저 측정합니다. 그다음, 강이 반원 모양으로 구부러지는 평균 거리를 직선거리로 나눈 값이 파이($\pi$)가 됩니다.

### 한줄 요약
원주는 지름에 파이를 곱한 값과 같습니다.

### 파이로 파이데이를 기념하자!
미국에서 파이데이는 3월 14일입니다. 파이가 3.14이기 때문입니다. 끈으로 동그란 호두파이의 둘레를 정확히 한 바퀴 감은 후 끈을 자릅니다. 그리고 끈의 길이를 잽니다. 그런 다음 호두파이의 지름을 잽니다. 끈의 길이를 호두파이의 지름으로 나누세요. 답은 파이($\pi$)입니다! 이제 파이를 맛있게 먹으세요.

## 한눈에 보는 지식
# 16 피보나치 수열

암컷과 수컷 토끼가 각각 한 마리씩 있습니다. 시간이 좀 지나면 아마 새끼가 꽤 많이 태어날 것입니다. 순식간에 토끼의 수가 늘어나겠지요. 이탈리아의 수학자 피보나치는 약 800년 전에 이 사실을 알아챘습니다. 만약 토끼가 새끼를 낳게 그대로 두면 얼마나 빨리 늘어날지 생각하기 시작했습니다.

피보나치
(1170년경 출생)

피보나치는 새끼 토끼 한 쌍(암컷 한 마리와 수컷 한 마리)으로 시작하여 매달 새끼를 한 쌍씩 낳고, 어떤 토끼도 죽지 않는다고 가정하면, 토끼의 수가 어떤 패턴에 따라 늘어난다는 사실을 알아냈습니다. 새끼 토끼는 한 달이면 다 자라고, 한 달 후면 다시 새끼를 낳는다고 가정했습니다. 즉, 토끼 한 쌍은 매달 새끼 한 쌍을 낳는다는 말입니다.

그랬더니 토끼가 금세 우글거리게 되었습니다! 피보나치가 발견한 패턴은 피보나치 수열이라고 불리며, 자연에서도 찾을 수 있습니다. 피보나치 수열에서 다음에 나올 수를 알아내는 것은 쉽습니다. 앞에 있는 두 수를 더하기만 하면 되거든요.

| 0 | 1 | 1 | 2 | 3 | 5 | 8 | 13 | 21 | 34 |
|---|---|---|---|---|---|---|---|---|---|
|  | =0+1 | =1+1 | =1+2 | =2+3 | =3+5 | =5+8 | =8+13 | =13+21 |  |

### 한줄요약
피보나치 수열은 어떤 것이 계속해서 번식하면 얼마나 많이 늘어날 수 있는지를 보여 줍니다.
0, 1, 1, 2, 3, 5, 8, 13…

### 꽃의 힘
꽃잎의 수가 3, 5, 8, 13개인 꽃이 많습니다. 이 수가 피보나치 수입니다. 공원이나 정원, 꽃밭에 가게 되면, 꽃에서 피보나치 수를 찾아보세요. 얼마나 큰 수를 찾을 수 있을까요? 꽃잎이 13개 혹은 21개인 꽃도 있을까요?

피보나치 수열은
자연에서 쉽게 찾을 수 있다.

피보나치는 토끼의 수가 늘어나는 데 패턴이 있다는 사실을 알아냈다.

🐇 새끼 토끼
🐇 다 자란 토끼

| 12월 | 1쌍 |
| 1월 | 1쌍 |
| 2월 | 2쌍 |
| 3월 | 3쌍 |
| 4월 | 5쌍 |
| 5월 | 8쌍 |

나무가 자라는 것을 피보나치 수열로 나타낼 수 있다.
줄기와 가지는 자라면서 규칙적으로 두 갈래로 갈라진다.
그리고 가장 작은 가지가 될 때까지 두 갈래로 갈라진다.

가지 13개

가지 8개

가지 5개

가지 3개

가지 2개

가지 1개

# 한눈에 보는 지식
## 17 황금 도형

여러분은 어떤 도형을 가장 좋아하나요? 자연도 좋아하는 도형이 있는 것 같습니다. 자연계 전체에 나타나는 하나의 모양이 있는 것을 보면요. 바로 나선형입니다. 황금 사각형이라고 불리는 도형은 사람이 특별히 좋아하는 것 같습니다. 이 도형은 사람이 만든 예술 작품이나 건축물에 자주 나타나는 것을 보면요.

**황금 사각형은 변의 비가 약 1:1.618입니다. 짧은 변의 길이가 1m(100cm)라면, 긴 변의 길이가 약 1.618m(161.8cm)라는 뜻입니다. 변의 비가 이와 같은 사각형에는 아주 특별한 성질이 있습니다. 정사각형이 되도록 한쪽 끝을 잘라내면, 남게 되는 작은 직사각형 역시 황금비를 이룹니다(오른쪽 그림을 보세요). 이렇게 계속해 나가면, 점점 더 작은 황금 사각형을 얻을 수 있습니다.**

자연에는 나선 모양이 많습니다. 나선모양은 바깥쪽에 조금씩 덧붙이면서 점점 자라나는 간단한 방법입니다. 파인애플과 솔방울의 돌기는 나선을 그리고, 해바라기의 씨앗도 나선을 그리며, 허리케인이나 일부 은하도 나선 모양입니다. 황금 사각형을 이용해 특별한 나선을 그릴 수도 있습니다. 바로 황금 나선입니다. 정사각형 모양으로 한쪽 끝을 잘라내며 점점 더 작은 직사각형을 만든 뒤 정사각형에 곡선을 그려 나선모양을 만들 수 있습니다.

**한줄요약**
황금 사각형과 황금 나선은 1:1.618 비로 그릴 수 있는 멋진 도형입니다.

**그리스 신전**
**준비물** 나무 블록 또는 플라스틱 블록, 자, 계산기
**실험 방법**
자와 계산기로 확인하면서 황금 사각형을 응용한 건물을 설계하고 만들어 보세요. 직사각형의 긴 변은 짧은 변의 약 1.6배가 되어야 합니다. 블록의 크기 때문에 정확하게 되지 않을 수 있지만, 최선을 다해 보세요!

나선 모양과 황금 사각형은 자연이나
사람이 만든 물건 속 어디에서나 찾을 수 있다.

달팽이 껍데기, 은하 등이
나선 모양이다.

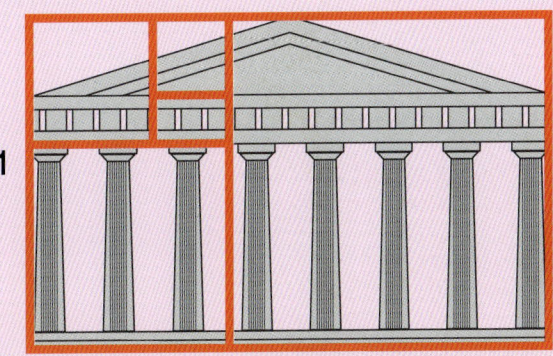

1.618

고대 그리스에서 현대 미술에 이르기까지
황금 사각형은 예술과 건축에
많이 쓰인다. 언제나 두 변의 비는
대략 1:1.618이다.

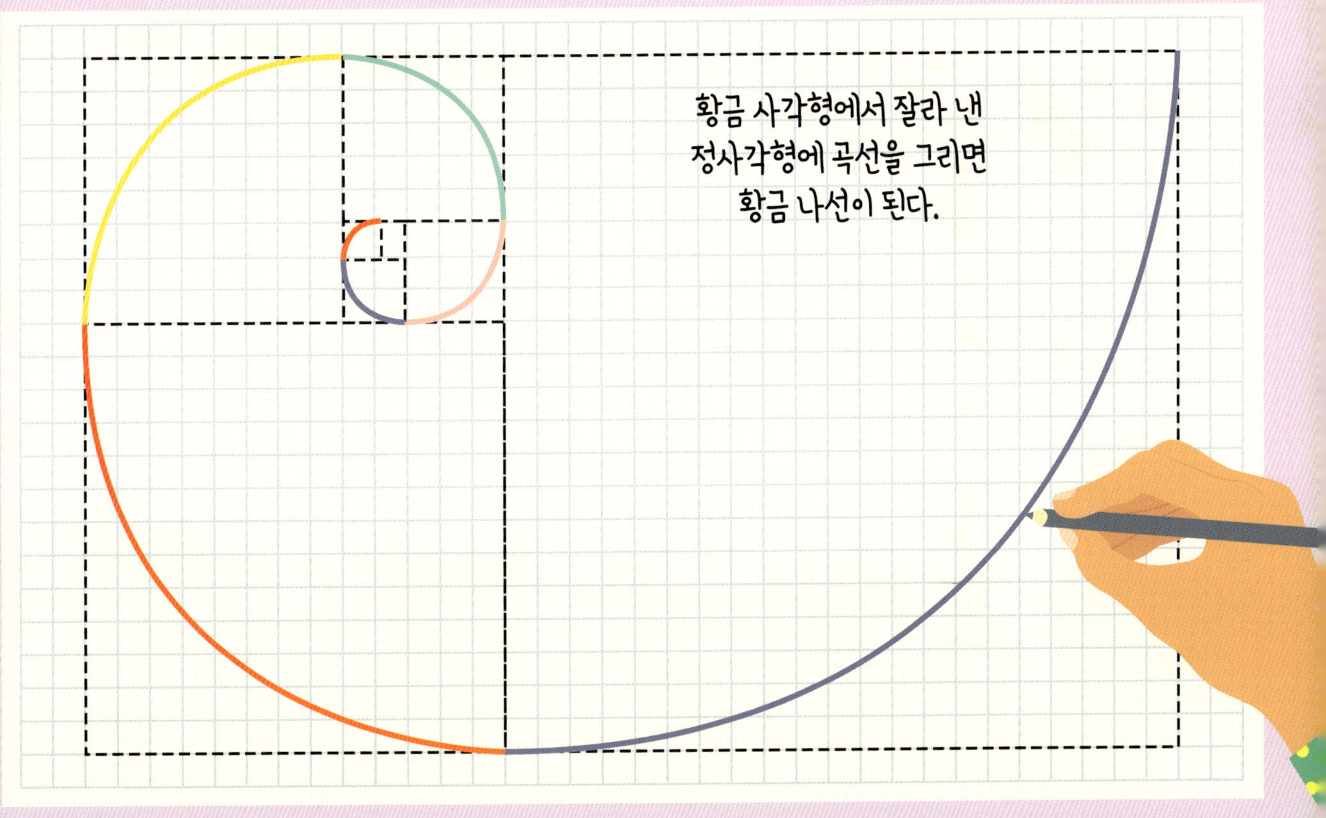

황금 사각형에서 잘라 낸
정사각형에 곡선을 그리면
황금 나선이 된다.

# 측정

모든 것을 셀 수는 없습니다. 물이 얼마나 있는지, 버터가 얼마나 무거운지는 셀 수 없습니다. 이럴 때 우리는 수를 세는 대신에 측정을 합니다. 측정하는 대상에 따라 측정 단위도 달라집니다.

예를 들어, 맑은 날 바깥이 얼마나 더운지를 측정할 때와 개미 한 마리의 크기를 측정할 때의 방식이 다른 것처럼요. 그리고 태양까지의 거리를 측정하는 데 쓰는 단위로 개미의 크기를 측정하지도 않습니다.

# 측정
## 읽기 전에 알아두기

**거리** 두 점 또는 물체 사이의 길이.

**겉넓이** 3차원 도형이나 물체를 둘러싼 면의 넓이를 모두 합한 것. 표면적이라고도 한다.

**계산** 더하기, 빼기, 곱하기, 나누기를 사용해 값을 구하는 일. 연산이라고도 한다.

**길이** 어떤 도형이나 물체의 한쪽 끝에서 다른 쪽 끝까지의 거리.

**깊이** 물체의 꼭대기에서 바닥까지의 거리.

**넓이** 어떤 면의 크기. 면적이라고도 한다.

**부피** 입체도형이나 물체가 차지하고 있는 공간의 크기.

**비** 두 개의 수 또는 양을 서로 비교하여 몇 배인지를 나타내는 관계. 예를 들어, 한 변이 3cm이고 다른 변이 4cm인 직사각형이 있을 때 두 변의 비는 3:4다.

**상대적** 다른 것과 비교해서 어떤 것을 살펴보는 것.

**양** 어떤 것이 얼마나 있는지를 나타내는 값.

**차원** 크기를 측정할 수 있는 방향의 수. 방향은 길이 방향, 높이 방향, 폭 방향을 말한다. 직선은 1차원이고, 평면은 2차원이며, 입체인 물체는 3차원이다.

**측정** 크기나 양을 알아내는 일. 예를 들어, 거리나 무게, 부피, 시간, 온도를 측정할 수 있다.

**표준** 폭넓게 받아들여지고 동의하는 기준.

# 한눈에 보는 지식
## 18 수로 세기 어려운 것들

장난감 자동차처럼 크기가 적당하고 하나씩 떨어져 있는 물건을 세는 것은 쉽습니다. 하지만 어떤 건 너무 작아서 세기 어렵습니다. 예를 들어, 저녁에 먹은 밥알의 수를 세기는 쉽지 않습니다. 그리고 컵에 담긴 물이나 우유를 셀 수는 없습니다.

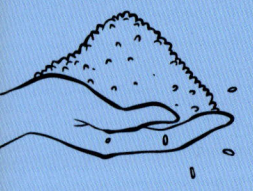

이렇게 수를 셀 수 없을 때 우리는 보통 수를 세는 대신에 측정을 합니다. 우리는 거리를 측정할 수 있고, 어떤 것이 얼마나 긴지, 높은지, 넓은지를 측정할 수 있습니다.

측정할 수 있는 건 매우 많습니다. 예를 들어, 무게(얼마나 무거운지를 나타냄)나 질량, 온도(얼마나 뜨거운지를 나타냄), 시간(얼마나 걸리는지를 나타냄)을 측정할 수 있습니다. 소리가 시끄러운 정도나 별의 밝기처럼 평소에 별로 생각하지 않는 것도 측정할 수 있습니다.

### 한줄요약
우리는 셀 수 없는 것을 측정합니다.

### 폐활량을 측정하자
**준비물** 큰 그릇, 계량컵, 물, 풍선

**실험 방법**
① 큰 그릇을 싱크대에 놓고, 물로 가득 채웁니다. 물을 채울 때는 계량컵으로 물을 측정하면서 채웁니다.
② 크게 숨을 들이쉰 뒤 있는 힘껏 풍선을 붑니다.
③ 풍선의 끝을 묶은 뒤 물속에 완전히 담그세요. 손까지 함께 담그지 않도록 주의하세요. 물이 그릇 밖으로 흘러넘칠 겁니다.
④ 그릇 안에 남은 물의 양을 측정합니다. 처음 물을 측정한 값과의 차이가 여러분의 폐활량입니다.

# 한눈에 보는 지식
## 19 측정 단위

은하를 측정할 때와 똑같은 단위로 작은 곤충을 측정할 수 있을까요? 쉽지 않은 일입니다. 크기가 서로 다른 것을 측정할 때는 서로 다른 단위를 써야 합니다.

**작은 곤충은 밀리미터(mm)로 측정할 수 있고, 여러분의 키는 센티미터(cm)로, 방의 크기는 미터(m)로, 학교까지의 거리는 킬로미터(km)로 측정할 수 있습니다. 모두 크고 작은 대상을 측정하기에 적합하도록 만든 단위입니다.**

우주의 천체를 측정할 때 km 단위로는 부족합니다. 태양은 지구에서 약 1억 5,000만 km 떨어져 있습니다. 하지만 그다음으로 가까운 항성계인 알파 센타우리까지의 거리는 지구에서 태양까지 거리의 27만 5,000배나 됩니다. km로 하면 40조 km가 넘습니다. 다행히 우주에서 거리를 측정하는 데 쓰는 특별한 방법이 있습니다. 바로 '광년'입니다.

1광년은 빛이 1년 동안 움직이는 거리입니다. 빛은 당연히 빛의 속도로 움직이는데, 약 초속 30만 km입니다. 따라서 1년 동안 아주 먼 거리를 움직입니다. 알파 센타우리는 약 4.5광년 떨어져 있습니다. 태양은 지구에서 고작 8광분 떨어져 있습니다. 즉, 태양 빛이 지구에 도착하는 데 8분 걸린다는 뜻입니다.

### 한줄요약
작은 것에서부터 큰 것까지 모두 측정하려면 크기에 맞는 다양한 단위가 필요합니다.

### 가장 큰 것과 가장 작은 것
거리를 측정하는 가장 작은 단위는 플랑크 길이입니다. 약 0.0000000000000000000000000000000016m로, 원자보다 작은 길이를 설명할 때 쓰입니다. 거리를 측정하는 가장 큰 단위로는 32억 6,000만 광년을 나타내는 '기가파섹'이 있습니다. 지구에서 관측 가능한 우주 끝을 잇는 거리의 약 14분의 1입니다.

똑같은 단위 하나로 모든 것을 측정할 수는 없다. 그래서 우리는 여러 가지 단위를 쓴다.

과학자들은 작은 생물을 cm 또는 mm 단위로 측정한다. 1cm는 10mm다.

그보다 큰 동물은 cm나 m로 측정할 수 있다.

별들 사이의 거리는 광년으로 측정한다. 1광년은 9조 4,600억 km가 넘는다.

단거리 경주의 거리는 50m, 100m 등으로 나타낸다.

## 한눈에 보는 지식
## 20 약속해서 측정하기

무엇을 정확하게 측정해야 하는 경우도 있지만, 그렇지 않은 경우에는 아주 정확하지 않아도 됩니다. 예를 들어 여러분의 키는 cm 단위로 정확하게 잴 수 있지만, 학교까지의 거리를 cm 단위로 정확하게 재기는 어렵습니다. 일단 '학교'를 정확히 나타낼 수 있는 작은 점을 찍어야 합니다. 마찬가지로 '집'을 정확히 나타낼 수 있는 점도 있어야 합니다. 그래서 이런 경우에는 보통 아주 정확하지 않아도 충분하다고 약속합니다.

**우리는 모두가 약속한 측정 단위를 사용해야 합니다. 한 걸음이나 한 뼘으로 거리를 측정하는 것은 의미가 없습니다. 사람마다 걸음이나 뼘이 다르기 때문입니다. 그래서 표준 측정 단위를 만듭니다. 어느 정도 길이가 1m이고, 어느 정도 부피가 1L인지를 약속해서 정했다는 뜻입니다.**

현재 우리가 사용하는 모든 측정 단위를 사람이 만든 것은 아닙니다. 지구는 스스로 하루에 한 바퀴 돌고, 태양 주위를 1년에 한 바퀴 돕니다. 이런 단위는 사람이 없다고 해도 달라지지 않습니다. 하지만 시간, 분, 초는 우리가 하루를 어떻게 나눌지 정해서 만든 단위입니다.

### 한줄요약
우리는 합리적 수준의 정확도를 유지하기 위해 약속된 측정 단위를 사용합니다.

### 수로 나타낸 몸
**준비물** 연필, 내 키보다 큰 종이, 줄자 또는 자
**실험 방법**
① 여러분의 모습을 그려 보세요.
② 그런 다음 키, 허리둘레, 손목 둘레, 다리, 가장 작은 손톱, 코, 머리카락 등을 측정합니다.
③ 측정한 결과를 그림에 표시하세요.
④ 길이를 측정한 것 중에서 m로 잰 것, cm로 잰 것, mm로 잰 것은 어떤 것일까요?

정답은 95쪽에 있습니다.

측정 단위는 원래 있던 것도 있고
사람이 만든 것도 있다.

지구가 태양 주위를 한 바퀴 도는 데는
1년이 걸리고, 스스로 한 바퀴 도는 데는
하루가 걸린다.
이런 단위는 변하지 않는다.

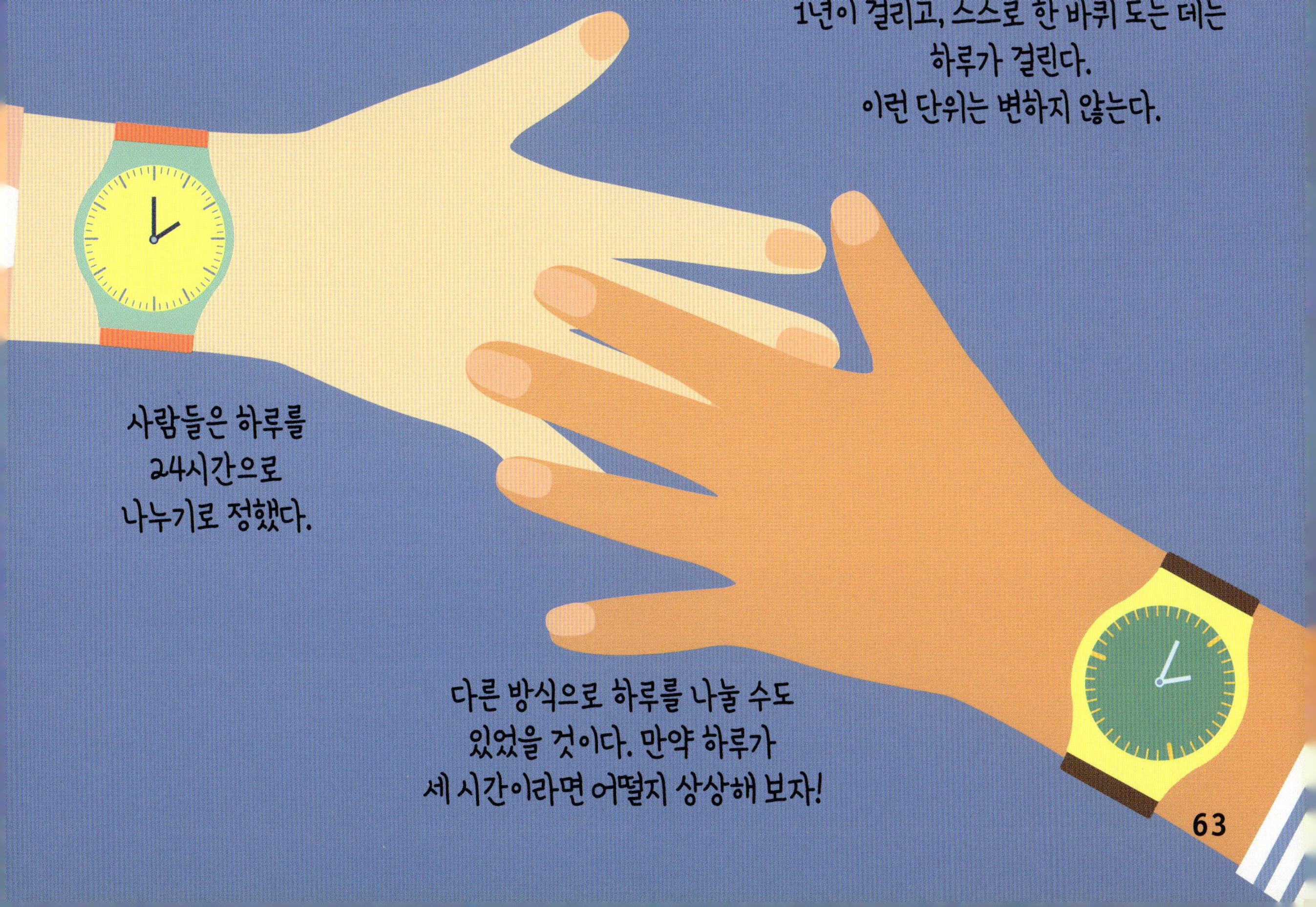

사람들은 하루를
24시간으로
나누기로 정했다.

다른 방식으로 하루를 나눌 수도
있었을 것이다. 만약 하루가
세 시간이라면 어떨지 상상해 보자!

## 한눈에 보는 지식
# 21 희한한 측정 단위

m나 kg처럼 자주 사용하는 측정 단위가 있지만, 그 외에도 특별한 것을 측정하는 아주 희한한 단위가 아주 많습니다.

**보석은 작지만 값어치가 아주 높습니다. 무게의 단위로 그램을 쓰기 훨씬 전부터 보석은 아주 귀하게 여겨졌습니다. 오늘날 보석은 '캐럿'으로 측정합니다. 1캐럿은 쥐엄열매의 씨앗 한 개의 무게입니다. 쥐엄열매의 씨앗은 크기가 일정해서 고대의 보석 상인이 무게의 단위로 사용했습니다.**

별의 밝기는 '등급'으로 측정합니다. 등급이 높을수록 더 어두운 별입니다. 대부분의 사람들은 망원경이 없으면 6등급의 별까지밖에 볼 수 없습니다.

고추의 매운 정도는 '스코빌 지수'로 측정합니다. 아주 매운 화학 성분이 얼마나 들어 있는지를 측정하는 것입니다. 피망의 스코빌 지수는 100~500이지만, 엄청 매운 칠리고추 추출물은 스코빌 지수가 1,600만까지 나올 수도 있습니다!

바닷물이 얼마나 맑은지 탁한지, 바위가 얼마나 단단한지를 측정하는 단위도 있습니다. 화산 폭발처럼 측정하기가 매우 어려운 것도 있습니다. 화산 폭발이 얼마나 강력했는지를 측정하려면 검게 탄 바위와 먼지, 가스가 얼마나 뿜어져 나왔는지를 계산해야 합니다.

### 한줄요약
어떤 것은 특별한 단위를 이용해 측정합니다.

### 단위 만들기
**준비물** 종이, 색연필

**실험 방법**
나만의 방식으로 무언가를 측정해 봅시다. 케이크의 달콤함, 게임을 하고 싶은 마음, 방귀의 구린내 등을 측정할 수 있습니다. 새로운 단위를 만들고, 크기도 결정해 봅시다.

어떤 단위는 매우 흔하지만, 어떤 단위는 특이한 것을 측정하기 위해 만들었다.

보석은 캐럿이라는 단위로 측정한다. '쥐엄열매의 씨앗'이라는 뜻의 고대 단어에서 나왔다. 이 단위는 수천 년째 쓰이고 있다.

다양한 고추의 맵기를 스코빌 지수로 측정하면 어떤 것은 먹을 수 있고 어떤 것은 먹을 수 없는지 알 수 있다.

화산 폭발의 크기를 측정하는 데 쓰는 단위는 '화산 폭발 지수'다.

## 한눈에 보는 지식
## 22 측정과 계산

방의 길이나 테이블의 높이를 측정하는 것은 쉽습니다. 하지만 어떤 것은 측정하기가 훨씬 어렵습니다. 만약 공원에 있는 나무의 높이나 연못에 있는 물의 양을 알고 싶다면 어떻게 해야 할까요? 줄자를 가지고 나무 꼭대기에 올라가거나 양동이로 연못의 물을 모두 퍼낼 수는 없는 노릇입니다. 이럴 때는 계산을 해야 합니다.

**직사각형 연못에 물이 얼마나 있는지를 알아내려면, 두 변의 길이와 깊이를 알아야 합니다. 그러면 부피를 계산할 수 있습니다.**

**연못의 길이 × 연못의 폭 × 연못의 깊이 = 부피**

연못의 크기를 미터로 측정했다면, 계산한 부피는 '세제곱미터($m^3$)'가 됩니다. $1m^3$는 1,000L와 같습니다.

자나 계량컵 같은 특별한 측정 도구가 없어도 측정할 수 있습니다. 다른 것으로 먼저 측정한 다음 나중에 다시 자나 계량컵으로 재면 됩니다. 이런 방법은 울퉁불퉁하거나 불규칙한 것을 측정할 때 좋습니다. 예를 들어, 벌레의 길이를 끈으로 잰 다음 나중에 자로 재면 됩니다.

### 머리 측정하기
**준비물** 끈, 가위, 자
**실험 방법**
① 끈의 한쪽 끝을 여러분의 눈과 눈 사이인 미간에 갖다 대고는 머리를 한 바퀴 둘러 다시 출발점으로 돌아옵니다.
② 끈이 끝과 만나는 점을 손으로 짚습니다.
③ 끈을 벗은 뒤 끝과 만나는 부분에 매듭을 만들거나 가위로 자릅니다.
④ 그럼 다음 자를 이용해 끈의 길이를 잽니다.
→ 여러분의 머리 둘레를 알 수 있습니다.

**한줄요약**
어떤 것은 직접 측정하기가 어렵기 때문에 계산이 필요합니다.

어떤 것을 직접 측정할 수 없을 때는
계산해서 알아낼 수도 있다.
다른 것을 측정한 뒤 그 결과를
이용해 계산하면 된다.

그림자를 이용하면
나무의 높이를 비슷하게 알아낼
수 있다.

맑은 날 나와 친구의 키와 그림자의 길이를 측정한다.
키를 그림자로 나눈다.

$$\frac{\text{키}}{\text{그림자}} = \frac{150}{100} = \frac{3}{2} = 1.5$$

나의 키와 그림자의 길이를 측정한 같은 시각에 나무의 그림자 길이를 측정한다.
그림자 길이에 방금 여러분이 계산한 비율을 곱한다.

예를 들어,
나무의 그림자 = 300cm라면
300cm × 1.5 = 450cm다.
따라서 나무의 높이는
약 450cm다.

# 한눈에 보는 지식
## 23 두 배로 키우기

아이스크림이 더 큰지 작은지는 쉽게 알아볼 수 있습니다. 그런데 얼마나 큰지도 알 수 있을까요? 상대적인 크기를 설명하는 것은 어려울 수 있습니다.

**우리 학교에는 100m×100m 운동장이 있고, 옆 학교에는 각 변의 길이가 2배인 200m×200m 운동장이 있다고 상상해 보세요. 그러면 옆 학교 운동장의 크기가 우리 학교 운동장의 크기의 2배일까요? 각 운동장의 넓이를 계산해 봅시다. 작은 운동장의 넓이는 100m×100m=10,000m² 이고, 큰 운동장의 넓이는 200m×200m=40,000m² 입니다. 실제로는 큰 운동장이 작은 운동장 면적의 4배입니다!**

부피는 더 재미있습니다. 한 변이 2cm인 정육면체의 부피를 2배로 만들려면 한 변의 길이를 4cm로 늘리면 된다고 생각할지도 모릅니다. 하지만 실제로는 부피가 8배(2×2×2)인 정육면체가 됩니다. 모든 차원의 길이를 2배로 늘렸기 때문입니다.

이 사실을 알면 어떤 것을 사는 것이 더 이익일지 알 수 있습니다. 피자 가게에서 지름이 20cm인 피자와 40cm인 피자를 팔고 있다면 큰 피자의 크기는 작은 피자 크기의 2배가 아니라 4배입니다.

### 한줄요약
어떤 도형의 변을 2배로 늘리면 크기는 2배보다 더 커집니다.

### 증명해 보세요!
**준비물** 네모난 얼음 조각 9개, 쟁반

**실험 방법**
① 네모난 얼음 조각을 9개 준비합니다.
② 쟁반에 얼음 1조각을 따로 놓아 두고, 그 옆에 모든 방향으로 2개씩, 즉 2×2×2개가 되도록 얼음을 쌓습니다.
⇢ 변의 길이가 2배가 되면 얼음 조각의 수는 8배가 된다는 사실을 알 수 있습니다.

어떤 도형의 변을 2배로 늘리면,
넓이는 4배가 되고 부피는 8배가 된다.

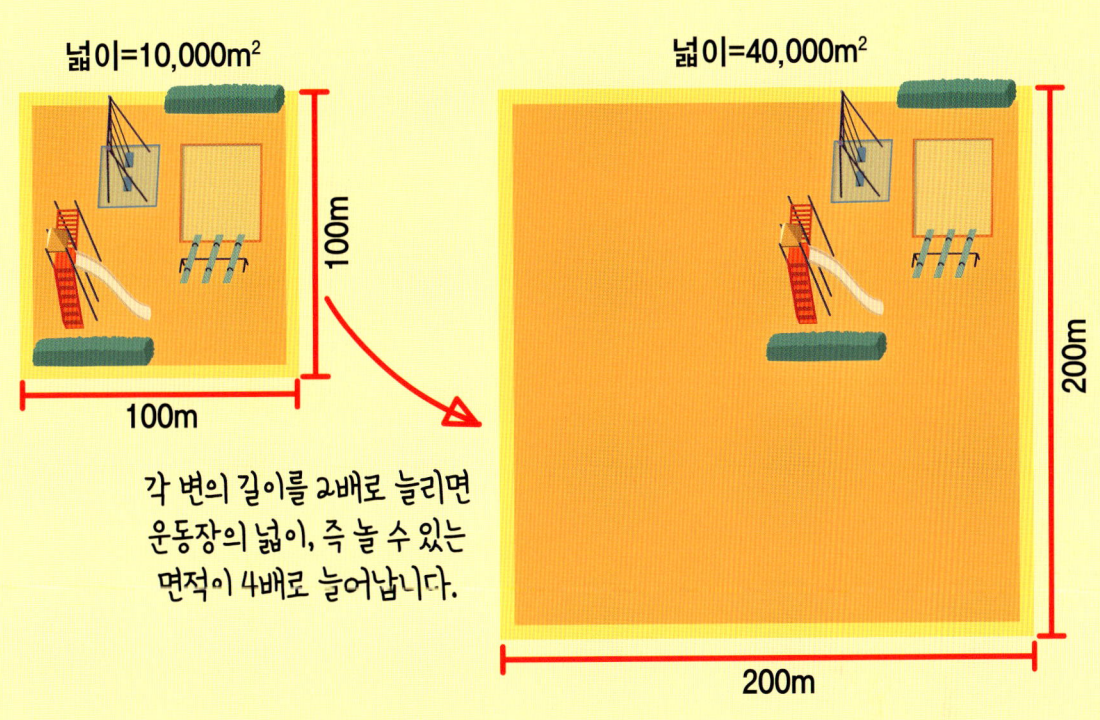

각 변의 길이를 2배로 늘리면 운동장의 넓이, 즉 놀 수 있는 면적이 4배로 늘어납니다.

물고기 2마리를 키우는 작은 어항의 각 변을 2배로 늘리면, 키울 수 있는 물고기의 수는 8배, 즉 16마리가 된다!

# 그래프

길게 적혀 있는 수를 이해하는 건 어렵습니다. 다행히 수학적 정보를 더 쉽게 보여 주는 방법이 있습니다. 바로 그래프와 도표로 나타내거나 여럿을 한데 모아 집합으로 보여 주는 것입니다.

데이터(수치 정보)는 주변 세상을 설명하거나 이해하고 앞으로 어떤 일이 생길지 예측하는 데 정말 큰 도움이 될 수 있습니다. 데이터를 이용해 우리나라에 반려동물을 키우는 사람이 몇 명이나 되는지, 강아지가 앞으로 얼마나 커질지 알아낼 수 있습니다.

# 그래프
## 읽기 전에 알아두기

**값** 양 또는 어떤 것의 가치.

**계산** 더하기, 빼기, 곱하기, 나누기를 사용해 값을 구하는 일. 연산이라고도 한다.

**데이터** 사실과 수치를 모아 놓은 것. 보통 글이나 수치로 이루어져 있다.

**막대그래프** 막대 모양을 이용해 데이터를 나타내는 방식.

**범위** 값이 퍼져 있는 정도. 한 집합에서 가장 큰 것과 작은 것 사이를 뜻한다.

**벤 다이어그램** 원을 서로 겹쳐 그려 여러 집합 사이의 관계에 관한 정보를 나타내는 방식.

**부분** 전체의 일부.

**부분 집합** 큰 집합에 속한 더 작은 집합.

**분수** 전체 혹은 어떤 수의 일부분. 분수는 자연수 사이에 있는 수를 세거나 측정할 때와 어떤 것을 여러 부분이나 집단으로 나눌 때 쓰인다. 분수의 예로는 $\frac{1}{2}$, $\frac{3}{4}$ 등이 있다.

**비교** 둘 이상의 대상이나 집합 사이의 비슷한 점과 차이점을 살펴보는 일.

**비율** 비를 하나의 수로 나타낸 것. 어떤 한 수를 기준으로 다른 수가 몇 배인지를 분수나 소수로 나타낸다.

**선그래프** 점을 선으로 이어 데이터의 변화를 나타내는 방식.

**설문조사** 사람들에게 질문한 뒤 답을 받아내는 데이터 수집 방식.

**예측** 정답에 가까운 값을 찾기 위해 대략적으로 계산하는 일.

**원그래프** 부분으로 나뉘어 있는 원을 이용해 정보를 나타내는 방식. 원은 전체를, 각 부분은 전체에서 차지하는 비율을 나타낸다.

**집합** 어떤 대상의 모임. 대상은 동물, 수, 음식 등 무엇이든 될 수 있다.

**측정** 크기나 양을 알아내는 일. 예를 들어 거리나 무게, 부피, 시간, 온도를 측정할 수 있다.

**퍼센트** 100의 일부로 나타내는 비율. 예를 들어, 50퍼센트는 100 중의 50이라는 뜻이다. 퍼센트는 흔히 확률을 나타낼 때 쓰인다. %는 퍼센트의 기호다.

**평균** 여러 수의 중간값이나 가장 흔한 값을 계산한 결과. 평균에는 여러 종류가 있다.

**표본** 전체의 일부. 표본은 설문조사를 할 때 질문에 대답하는 사람의 집단이다.

**픽토그램** 그림이나 기호를 이용해 데이터를 나타내는 방식.

**확률** 어떤 일(결과)이 일어날 가능성. 보통 퍼센트나 분수로 나타낸다.

# 한눈에 보는 지식
## 24 여러 가지 그래프

여러분은 아마 "열 명 중 한 명은 채식주의자입니다"나 "모든 가정의 50퍼센트(%)는 반려동물을 키우고 있다"는 뉴스를 보거나 들은 적이 있을 것입니다. 이런 정보는 조사원이 사람들에게 질문을 하거나 어떤 것을 측정하는 방식으로 얻습니다. 그리고 결과를 분명하게 보여 주기 위해 그래프나 도표를 만듭니다.

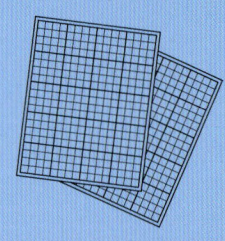

데이터의 종류에 따라 적합한 그래프와 도표도 다릅니다. 픽토그램과 막대그래프는 명확하게 분류할 수 있는 데이터를 나타낼 때 좋습니다. 예를 들어, 픽토그램이나 막대그래프를 이용하면 사람들이 어떤 반려동물을 키우는지 비교하기가 쉽습니다.

해바라기의 성장을 기록하고 싶다면, 선그래프가 가장 좋습니다. 식물은 140cm에서 160cm로 갑자기 자라지 않고, 꾸준히 자라기 때문입니다. 선그래프로는 이것을 나타낼 수 있습니다. 측정하지 않은 날에도 키가 얼마인지 예측할 수 있습니다.

원그래프는 전체가 어떻게 나뉘어 있는지를 보여 줄 때 좋습니다. 사람들이 어떤 맛의 파이를 가장 좋아하는지를 보여 줄 때 원그래프를 이용할 수 있습니다. 각 부분의 크기는 각 맛의 인기를 나타냅니다.

**한줄요약**
데이터의 종류에 따라 적합한 그래프가 따로 있습니다.

### 픽토그램 만들기
**준비물** 연필, 종이, 친구 10명
**실험 방법**
대답이 나올 수 있는 질문을 5가지 정도 골라 친구들에게 물어보세요. 어떤 반려동물을 키우는지, 어떤 스포츠를 가장 좋아하는지 등을 물어볼 수 있습니다. 각 대답을 내놓은 사람이 몇 명인지 셉니다. 항목별로 막대그래프를 그려 보세요.

픽토그램과 막대그래프는 명확하게 분류할 수 있는 데이터를 나타낼 때 좋다.
선그래프는 시간의 흐름에 따른 변화를 보여 줄 때 좋고,
원그래프는 전체가 어떻게 나뉘어 있는지를 보여 줄 때 좋다.

픽토그램이나 막대그래프를 이용하면 몇 명이
어떤 반려동물을 키우는지를 쉽게 알 수 있다.

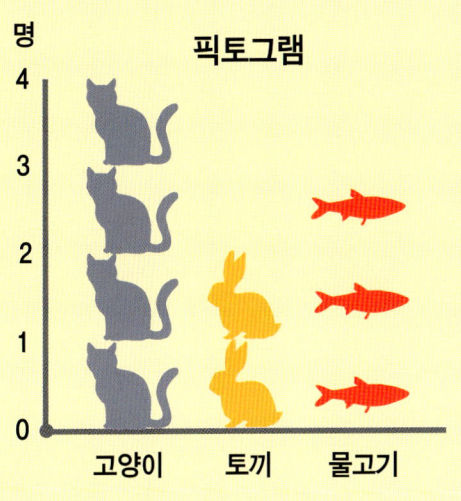
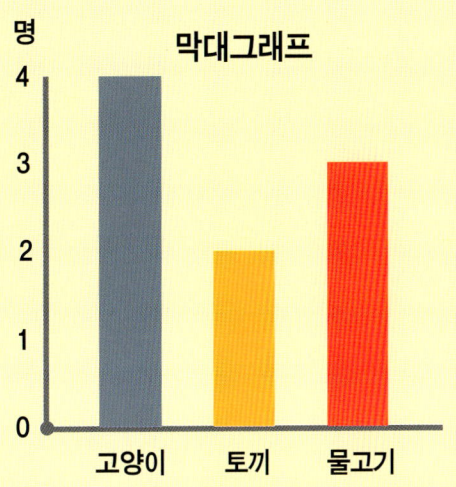

며칠에 한 번씩만 측정해도
선그래프를 이용하면 해바라기가 시간에
따라 꾸준히 자란 것을 알 수 있다.

원그래프는 어느 집단 안에서
특정 파이를 좋아하는 사람의
비율이 얼마나 되는지를 보여 준다.

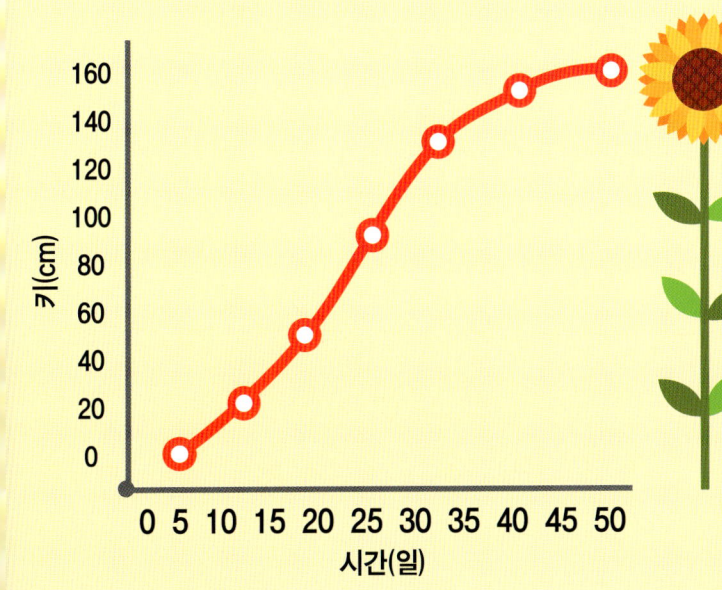
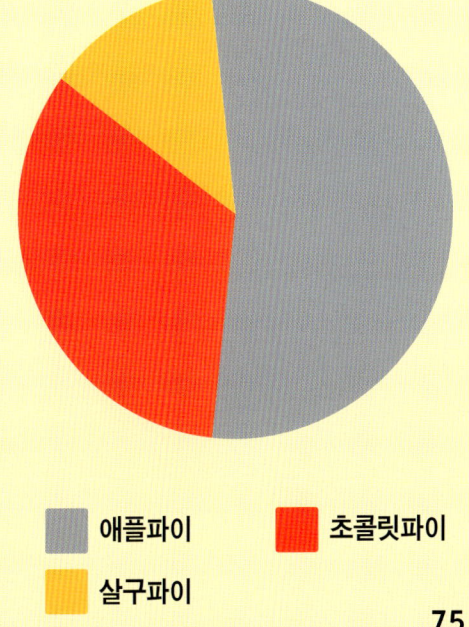

# 한눈에 보는 지식
## 25 설문조사와 표본

설문조사는 사람들에게 질문을 해서 데이터를 모으는 방법입니다. 어떤 반려동물을 키우는지 반 친구들에게 물어볼 수는 있습니다. 하지만 전교생에게 물어보기는 어려울 테고, 전 국민에게 물어보기는 불가능할 것입니다! 따라서 설문조사를 할 때는 질문에 대답하는 사람을 정해서 합니다. 이때 질문에 대답하는 사람의 집단을 표본이라고 합니다.

"128명 중 32명은 바나나를 좋아한다고 말했다"보다 "사람들의 4분의 1은 바나나를 좋아한다"나 "사람들의 25%는 바나나를 좋아한다"가 뜻을 이해하기는 더 쉽습니다. 그래서 연구나 설문조사에서는 흔히 분수나 %로 나타냅니다. 그러면 표본 중에서 특정 대답을 내놓은 비율을 명확히 보여 줄 수 있습니다.

표본을 공정하게 선택했다면 적은 수의 표본에서 나온 대답을 더 큰 집단에 적용할 수 있습니다. 만약 여러분의 반 친구의 3분의 1이 강아지를 기르고 있다면, 전교생의 3분의 1이 강아지를 기르고 있다고 추측해도 무리가 아닙니다. 만약 전교생이 900명이라면, 300명이 강아지를 기르고 있다는 뜻이 됩니다. 이것을 표본의 '일반화'라고 합니다.

### 한줄요약
설문조사와 표본은 우리가 더 큰 집단이나 연구에 적용할 수 있는 데이터를 제공합니다.

### 좋아하는 이야기
어린이 100명을 대상으로 조사한 결과 다음과 같은 사실이 드러났습니다.
"어린이의 절반은 모험 이야기를 좋아한다. 5명 중 2명은 웃기는 이야기가 더 좋다고 말했다. 10%는 동물 이야기를 더 좋아했다."
다음 이야기를 좋아한 어린이의 수를 맞혀 보세요.
(1) 모험 이야기
(2) 웃기는 이야기
(3) 동물 이야기

정답은 95쪽에 있습니다.

## 표본에서 얻은 데이터를 이용하면 더 큰 집단을 대상으로 결과를 알아낼 수 있다.

표본 10명 중에서 4명은 고양이가 있고, 6명은 없다. 따라서 30명으로 이루어진 집단이 있을 때 12명은 고양이가 있고, 18명은 고양이가 없다고 추측할 수 있다.

$\frac{4}{10}$는 $\frac{12}{30}$와 같다.

표본과 비율은 설문조사가 아닌 다른 분야에서도 사용된다. 뼈 하나는 공룡 전체의 표본이다. 과학자는 종종 뼈 하나만 있으면 공룡의 전체 크기를 계산할 수 있다.

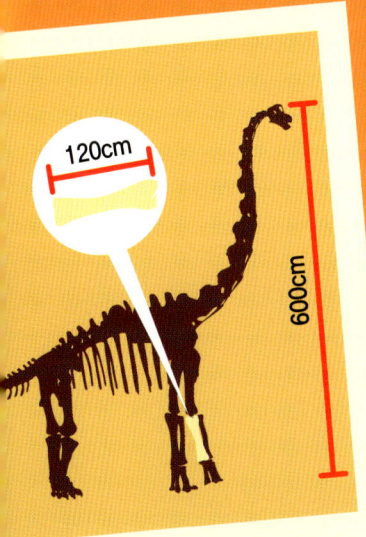

만약 다리뼈의 길이가 120cm인 공룡의 키가 600cm라면, 다리뼈 길이가 150cm인 공룡의 키는 약 750cm라고 추측할 수 있다.

600cm ÷ 120cm = 5
150cm × 5 = 750cm

# 한눈에 보는 지식
## 26 평균과 범위

평균을 계산하면 어떤 데이터 집합의 '대표값'을 알 수 있습니다. 평균에는 세 가지 종류가 있습니다. 바로 산술평균, 최빈값, 중앙값입니다. 어떤 데이터 집합의 산술평균은 수를 모두 더한 뒤에 집합에 있는 전체 개수로 나누면 구할 수 있습니다. 최빈값은 어떤 집합에서 가장 자주 나오는 수이고, 중앙값은 어떤 집합에 들어 있는 수를 작은 것부터 커지는 순서대로 늘어놓았을 때 가운데에 있는 값입니다.

**강아지를 키운다고 상상해 보세요. 강아지가 다 자랐을 때 얼마나 클지를 미리 알 수 있다면 좋겠지요. 품종이 같은 개의 평균 키를 계산할 수 있다면, 키가 대략 어디까지 클지 알아낼 수 있습니다.** 같은 품종의 개 여러 마리의 키를 모두 더한 뒤에 전체 개의 수로 나누면 됩니다.

예를 들어, 달마시안 여섯 마리의 키가 53cm, 54cm, 61cm, 63cm, 64cm, 65cm라면, 산술평균은 다음과 같습니다.
53+54+61+63+64+65=360
360÷6=60cm

값의 범위를 보는 것도 도움이 됩니다. 가장 큰 개는 얼마나 클 수 있을까요? 범위는 가장 낮은 값과 가장 높은 값으로 정합니다. 위의 표본으로 볼 때 달마시안 강아지는 53cm보다 작지도 않고 65cm보다 크지도 않을 것이라고 예상할 수 있습니다

### 한줄요약
범위와 평균은 어떤 데이터 집합의 패턴과 정보를 이해하는 데 도움이 됩니다.

### 큰 발, 작은 발
**준비물** 자, 종이, 연필, 계산기, 친구 또는 가족
**실험 방법**
친구나 가족의 발 크기를 측정합니다. 모든 사람의 같은 쪽 발(왼발 또는 오른발)을 측정해야 합니다. 발 크기의 범위는 어떻게 되나요? 누구의 발이 가장 크고, 누구의 발이 가장 작은가요? 발 크기의 산술평균은 얼마인가요? 발의 크기가 평균인 사람이 있나요?

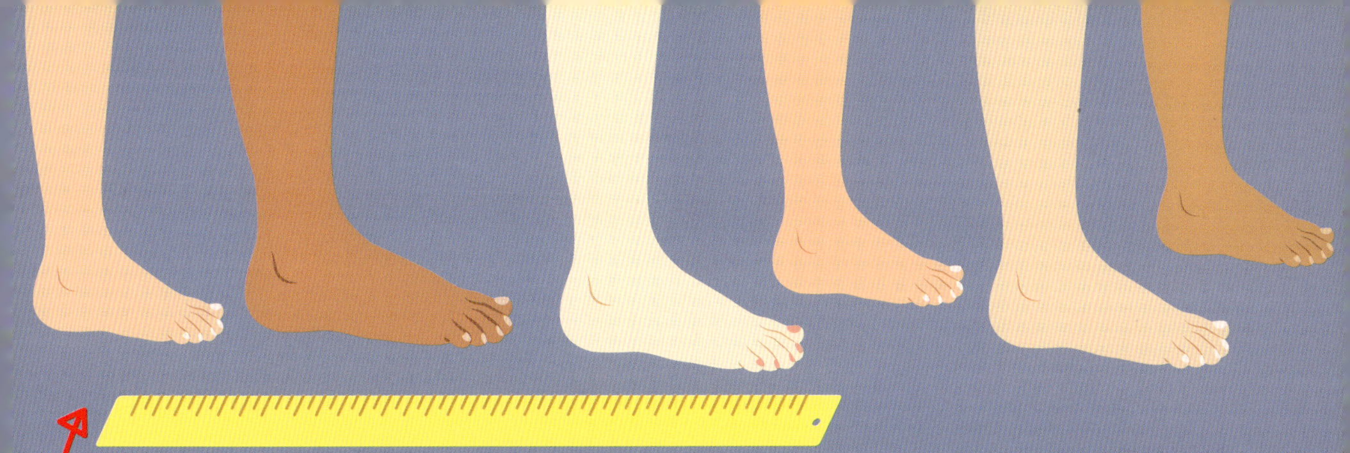

평균은 어떤 데이터 집합을
잘 보여 주는 값이다.
값의 범위는 가장 작은 값과
가장 큰 값의 차이다.

우리 반 학생들의 평균 발 크기를 알고 싶다면,
전체 학생의 발 크기를 측정해야 한다.
만약 일부 표본만 측정할 수 있다면,
표본이 많을수록 결과가 더 정확하다.

다 자란 개의 평균 크기를 알면
강아지에게 사 줄 집이나 침대의 크기를
정하는 데 도움이 된다.

65 cm

60 cm

55 cm

50 cm

45 cm

40 cm

# 한눈에 보는 지식
## 27 집합

이미 앞에서 집합이라는 개념이 나왔었습니다. 집합은 공통점이 있는 것들의 집단으로, 수학에서도 사용합니다. 숫자를 쓰지 않고도 수학을 할 수 있는 방법입니다.

**일반적인 것을 모두 모아 놓은 큰 집합을 '전체 집합'이라고 합니다. 예를 들어, 동물의 전체 집합에는 모든 동물이 다 들어 있습니다. '부분 집합'은 전체 집합의 일부입니다. 부분 집합은 포유류, 조류, 파충류 또는 '날개가 있는 동물'이나 '헤엄칠 수 있는 동물'처럼 동물의 종류에 따라 나뉠 수 있습니다.**

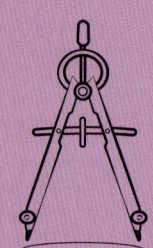

어떤 것은 둘 이상의 집합에 속해 있는 경우도 있습니다. 예를 들어 오리는 날개가 있고 헤엄도 칠 수 있습니다. 하지만 어떤 집합은 겹치는 부분이 전혀 없습니다. 다리가 2개이면서 동시에 다리가 4개인 동물은 없습니다.

집합은 벤 다이어그램이라는 원으로 이루어진 특별한 형태의 그림으로 나타냅니다. 만약 어떤 것이 두 집합에 모두 들어 있다면, 원을 겹쳐서 그립니다.

벤 다이어그램을 통해서 우리는 집합을 비교하고 서로 같은지 확인할 수 있습니다. 예를 들어, '깃털이 있는 동물' 집합과 '새' 집합에는 양쪽 모두에 같은 동물이 들어 있습니다. 모든 새는 깃털이 있고, 깃털이 있는 모든 동물은 새이므로 두 집합은 서로 같습니다.

### 한줄요약
집합은 숫자를 사용하지 않고도 집단을 나타내고 비교할 수 있는 방법입니다.

### 집합 만들기
**준비물** 가족 또는 친구 모임 또는 학급, 종이, 색연필 또는 연필, 컴퍼스
**실험 방법**
가족이나 친구 모임 또는 학급을 전체 집합으로 정합니다. 이들을 부분 집합으로 나누어 보세요. 예를 들어, '머리가 길다' 또는 '과일을 좋아한다' 또는 '수영을 좋아한다' 집합을 만들 수 있습니다. 어떤 집합이 서로 겹치는지 보여 주는 벤 다이어그램을 그려 보세요.

벤 다이어그램은 비슷한 점과
차이점을 확인할 수 있도록 집합과
부분 집합을 보여 준다.

■ 동물　　■ 파충류

'파충류' 집합은 '동물' 집합의 부분 집합이다.
모든 파충류는 동물이지만,
모든 동물이 파충류는 아니다.

■ 날개가 있다　　■ 헤엄친다

새는 '날개가 있다'와 '헤엄칠 수 있다'
집합 중에서 한 곳 또는 두 곳에 속할 수 있다.
두 집합 모두에 속한 동물은 겹치는
영역에 있다.

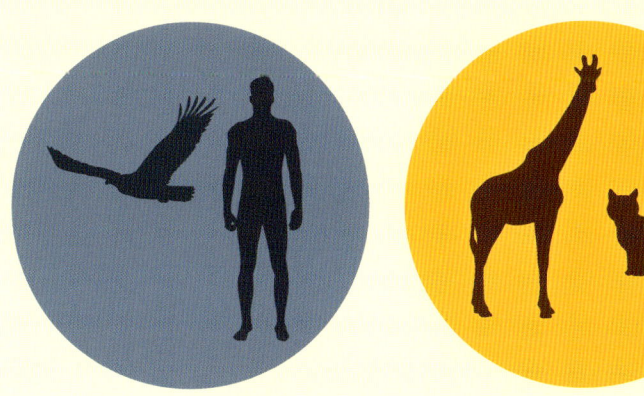

■ 다리가 두 개인 동물

■ 다리가 네 개인 동물

이 두 집합은 서로 겹치지 않는다.
다리가 네 개면서 동시에
두 개인 동물은 없다.

■ 식물을 먹는다

■ 헤엄친다

■ 날개가 있다

이 세 집합은 서로 겹친다.
여기서 세 집합 모두에 속한
동물은 오리 하나다.

# 가능성이 얼마나 될까?

우리의 삶은 위험과 기회로 가득합니다. 수학은 우리가 어떤 경우에는 도전하고 도전하지 말아야 할지 알려 줍니다. 우리는 종종 어떤 일이 벌어질 가능성을 알아낼 수 있습니다. 하지만 결코 확신할 수는 없습니다. 아무리 수학을 잘한다고 해도 삶은 여전히 우리를 놀라게 할 수 있습니다. 예상치 못한 일은 언제든 찾아올 수 있으니까요!

# 가능성이 얼마나 될까?
## 읽기 전에 알아두기

**계산** 더하기, 빼기, 곱하기, 나누기를 사용해 값을 구하는 일. 연산이라고도 한다.

**등식** 두 가지가 똑같다는 사실을 보여 주는 수학식.

**변수** 바뀔 수 있는 것.

**분수** 전체 혹은 어떤 수의 일부분. 분수는 자연수 사이에 있는 수를 세거나 측정할 때와 어떤 것을 여러 부분이나 집단으로 나눌 때 쓰인다. 분수의 예로는 $\frac{1}{2}$, $\frac{3}{4}$ 등이 있다.

**소수** 분수와 비슷하게 수를 10분의 1, 100분의 1, 1,000분의 1로 잘게 나누어 나타낸 수. 일의 자리보다 작은 자릿값을 가진 수를 말한다. 소수의 예로는 0.1, 2.5 등이 있다. 소수점(.) 뒤에 있는 수가 소수다.

**확률** 어떤 일(결과)이 일어날 가능성. 보통 %나 분수로 나타낸다.

# 한눈에 보는 지식
## 28 확률

만약 동전을 위로 던지면 떨어지면서 앞면이나 뒷면이 나옵니다. 가능한 결과는 앞면과 뒷면 두 가지뿐입니다. 동전을 던지면 평균적으로 반은 앞면이 나오고 반은 뒷면이 나옵니다. 이렇게 특정한 결과가 나올 가능성을 확률이라고 합니다.

**우리는 확률을 분수나 소수로 나타냅니다.**
앞면: $\frac{1}{2}$(0.5)   뒷면: $\frac{1}{2}$(0.5)
확률을 모두 더하면 언제나 1이 됩니다. $\frac{1}{2}$(0.5)+$\frac{1}{2}$(0.5)=1

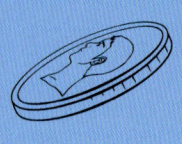

| 동전 1 | 동전 2 |
|---|---|
| 앞 | 앞 |
| 앞 | 뒤 |
| 뒤 | 앞 |
| 뒤 | 뒤 |

동전을 두 개 던져도 각 동전은 앞면 또는 뒷면이 나옵니다. 동전이 두 개이므로 가능한 결과는 네 가지입니다. 동전 두 개가 모두 앞면이 나올 확률은 $\frac{1}{4}$입니다.
동전 한 개는 앞면이고 다른 동전은 뒷면이 나오는 방법은 두 가지이므로 확률은 $\frac{1}{4}$과 $\frac{1}{4}$을 더한 $\frac{1}{2}$입니다.

두 가지 이상의 결과가 나올 확률을 구하려면, 각각의 확률을 곱하면 됩니다. 동전 한 개를 던졌을 때 연속으로 앞면이 두 번 나올 확률은 $\frac{1}{2}$과 $\frac{1}{2}$를 곱한 $\frac{1}{4}$이 됩니다.

**한줄요약**
확률은 어떤 일이 일어날 가능성으로, 소수나 분수로 표현합니다.

### 가위바위보
**준비물** 친구
**실험 방법**
가위바위보는 여러 사람이 동시에 '가위', '바위', '보'를 외치며 그에 해당하는 손 모양을 내놓는 게임입니다. 친구와 가위바위보를 20번 하면서 자신이 무엇을 냈는지 적어 보세요. 가위, 바위, 보를 각각 몇 번 냈나요? 전체 20번 중 가위를 냈을 확률은 $\frac{1}{3}$입니다.

확률은 어디에나 있다.
확률을 이용하면 미래에 일어날 어떤 일의
가능성을 거의 모두 계산할 수 있다.

새가 검은 줄무늬 위에 앉을 확률은 $\frac{4}{8}=\frac{1}{2}$이다.

초콜릿 맛 과자를 집을 확률은 다른 사람이 보통 과자를 집어 갈 때마다 커진다.

만약 과자가 10개 있다면, 첫 번째 사람이 초콜릿 맛 과자를 집을 확률은 $\frac{1}{10}$이다.
두 번째 사람이 초콜릿 맛 과자를 집을 확률은 $\frac{1}{9}$이다.
이런 식으로 누군가 초콜릿 맛 과자를 집을 때까지 확률이 커진다.

## 한눈에 보는 지식
### 29 좋은 도전과 나쁜 도전

어떤 일이 일어날 확률을 알고 있으면 좋습니다. 그런데 그 정보로 무엇을 할 수 있을까요?

우리가 확률을 대하는 방식은 결과가 얼마나 좋은지 나쁜지에 따라 아주 많이 달라집니다. 만약 위험하지만 재미있는 동작을 하다가 다리를 부러뜨릴 확률이 $\frac{1}{10}$(10번 중 1번)이라면, 여러분은 아마 하지 않을 것입니다. 하지만 무릎이 까질 확률이 $\frac{1}{10}$이라면, 해 볼 만하다고 생각할 수 있습니다.

더 좋은 결과가 나올 가능성이 있다면 우리는 똑같은 선택을 합니다. $\frac{1}{100}$의 확률로 자전거 헬멧을 받을 수 있는 대회보다는 $\frac{1}{100}$의 확률로 새 자전거를 받을 수 있는 대회에 더 많은 시간을 쓸 가능성이 높습니다. 상품이 클수록 우리는 더 열심히 도전합니다. 많은 사람이 당첨 확률이 수백만 분의 1도 되지 않는 로또 복권을 사는 이유입니다.

### 한줄요약
사람들은 도전을 할 때 확률만 보는 것이 아니라, 결과도 고려합니다.

### 더 큰 수가 좋아
연구에 따르면 사람들은 큰 수에 끌립니다. 9장이 꽝이고 1장이 당첨인 뽑기와 92장이 꽝이고 8장이 당첨인 뽑기 중에서 고르라고 하면, 대부분 두 번째 뽑기를 고른다고 합니다. 하지만 당첨 확률은 오히려 두 번째 뽑기가 더 낮습니다. 100개 중 10개가 아니라 100개 중 8개니까요.

## 한눈에 보는 지식
## 30 불가능한 확률

여러분이 100살까지 살 확률은 얼마나 될까요? 미래에 인간이 외계인과 대화할 확률은 얼마나 될까요? 대답하기 쉽지 않습니다.

**확률을 계산하는 것이 불가능할 때가 있습니다. 변수(변할 수 있는 것)가 너무 많기 때문입니다. 예측할 수 없는 여러 가지 사건이 일어날 수 있지요.**

드레이크 방정식은 인간이 외계인을 만날 가능성을 계산하기 위해 만든 식입니다. 다음 항목을 모두 곱해서 구합니다.

# 100

- 별이 태어나는 평균 비율
- 행성이 있는 별의 비율
- 생명체가 살 수 있는 행성의 평균 개수
- 행성에서 생명체가 탄생할 확률
- 탄생한 생명체가 문명을 이룩할 확률
- 문명이 우주로 신호를 보낼 수 있는 확률
- 지구인이 신호를 보내는 기간

문제는 우리가 어떤 수를 넣어야 할지 모른다는 것입니다. 짐작만으로 계산하면, 결과는 외계 문명이 '거의 없다'에서 '수백만 개나 된다'까지 무엇이든 될 수 있습니다.

**한줄요약**
확률을 계산하는 방법을 안다고 해서 실제로 확률대로만 되는 것은 아닙니다!

### '지금'은 언제일까?
우주는 굉장히 큽니다. 지구와 아주 비슷한 외계 행성(태양이 아닌 다른 별 주위를 도는 행성)은 1,400광년 떨어져 있습니다. 따라서 우리가 그곳으로부터 신호를 받았다면, 그 신호는 1,400년 전의 것입니다. 우리의 대답이 그곳까지 가는 데도 1,400년이 걸립니다. 2,800년이나 걸리니 외계인도 기다리다 지쳐서 포기했을지도 모릅니다.

때로는 고려해야 할 변수가 너무 많기 때문에 살아가면서 어떤 일을 겪을 확률을 계산할 수는 없다.

화랑에서 그림을 팔까?

예술을 공부한다

우주로 가서 외계인을 만날까?

우주를 공부한다

화가가 될까?

천문학자가 될까?

시합 도중에 다리가 부러질까?

해양생물학자가 될까?

축구를 연습한다

스쿠버다이빙을 배운다

동네 축구 경기에서 뛰며 우승할까?

오래전에 가라앉은 보물선을 발견할까?

# 지식 플러스
## 다양한 고대 숫자

오늘날 전 세계 사람들은 거의 아라비아 숫자를 사용합니다. 숫자는 수를 기록해 둘 필요가 생겼을 때 발명된 것이므로 그 역사는 오래됐습니다. 각 고대 문명에서는 어떤 숫자를 이용했는지 볼까요?

### 바빌로니아 숫자

고대 바빌로니아에서는 기원전 2000년 무렵 만들어진 육십진법을 바탕으로 한 수 체계를 사용했습니다. 갈대로 만든 뾰족한 펜으로 점토판에 쐐기 문자를 새겨 나타냈습니다. 1시간을 60분으로 나누는 것이나 원을 360도로 나누는 것 등이 바빌로니아 수 체계의 영향을 받았다고 합니다.

◀ 고대 바빌로니아 숫자

# 이집트 숫자

고대 이집트에서 기원전 3,300년 무렵부터 기원후 1,000년 무렵까지 사용되었던 숫자가 있었습니다. 숫자 1은 막대기였고, 10은 말굽 모양이었으며, 분수를 나타낼 수도 있었습니다.

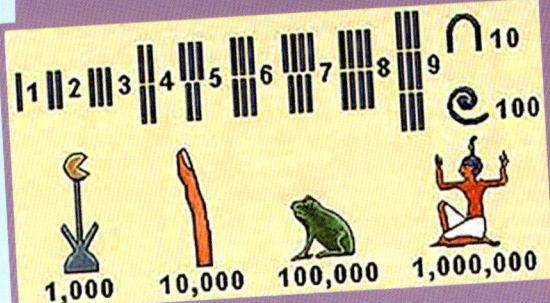

◀ 고대 이집트 숫자

▼ 고대 이집트의 기록

▼ 고대 이집트의 분수 기호

# 지식 플러스
## 다양한 고대 숫자

### 그리스 숫자

그리스 숫자는 그리스 문자를 이용하여 수를 나타내는 기수법입니다. 기원전 5세기 무렵부터 시작되었을 것으로 추정하고 있습니다. 이오니아 숫자, 밀레토스 숫자, 알렉산드리아 숫자라고도 부릅니다. 그리스 숫자는 10을 밑으로 하는 십진법 체계였습니다. 0은 쓰이지 않았습니다.

| 1 | α | 10 | ι | 100 | ρ |
|---|---|----|---|-----|---|
| 2 | β | 20 | κ | 200 | σ |
| 3 | γ | 30 | λ | 300 | τ |
| 4 | δ | 40 | μ | 400 | υ |
| 5 | ε | 50 | ν | 500 | φ |
| 6 | ς | 60 | ξ | 600 | χ |
| 7 | ζ | 70 | ο | 700 | ψ |
| 8 | η | 80 | π | 800 | ω |
| 9 | θ | 90 | | 900 | |

### 로마 숫자

고대 로마에서는 로마 문자에 특정 수를 대응시켜 수를 나타냈습니다. 로마제국을 거쳐 14세기까지 유럽에서 사용되었습니다. 14세기 이후에 사용이 편리한 아라비아 숫자가 유럽에 널리 퍼지면서 일상적으로 사용하지 않게 되었습니다. 하지만 지금도 시계의 시간 표시나, 책의 목차 표시 등에 사용되고 있습니다.

| I | II | III | IV | V | VI | VII | VIII | IX |
|---|----|-----|----|----|----|-----|------|----|
| 1 | 2 | 3 | 4 | 5 | 6 | 7 | 8 | 9 |

| X | XI | XII | XIII | XIV | XV |
|---|----|-----|------|-----|-----|
| 10 | 11 | 12 | 13 | 14 | 15 |

| XVI | XVII | XVIII | XIX | XX |
|-----|------|-------|-----|-----|
| 16 | 17 | 18 | 19 | 20 |

| L | C | D | M |
|---|---|---|---|
| 50 | 100 | 500 | 1000 |

## 마야 숫자

고대 마야 숫자는 콜럼버스가 마야에 도착 이후, 유럽의 숫자가 전파되기 전까지 마야 문명에서 쓰였던 20진법을 기반으로 한 숫자입니다. 0에서 19까지에서는 점 하나가 1을, 가로 막대 하나는 5를 나타냅니다. 다른 고대 문명의 숫자에서는 보기 드문 숫자 0이 들어 있습니다.

| 0 | 1 | 2 | 3 | 4 | 5 | 6 | 7 | 8 | 9 |
|---|---|---|---|---|---|---|---|---|---|
| 🝯 | • | •• | ••• | •••• | ▬ | •̄ | ••̄ | •••̄ | ••••̄ |
| 10 | 11 | 12 | 13 | 14 | 15 | 16 | 17 | 18 | 19 |
| ≡ | •≡ | ••≡ | •••≡ | ••••≡ | ≡ | •≡ | ••≡ | •••≡ | ••••≡ |

## 정답

**32쪽** 가루 설탕이 부피에 대한 겉넓이의 비율이 더 크기 때문에 더 빨리 녹는다.

**62쪽** 키 : cm
허리 둘레, 손목 둘레, 다리 길이 : cm
머리카락 : cm
코와 가장 작은 손톱 : cm 또는 mm

**76쪽** (1) 50명 (2) 40명 (3) 10명

**초등학생을 위한 지식습관 ④**

# 수학 개념 30

글 | 앤 루니  그림 | 푸트리 페브리아나
옮김 | 고호관  감수 | 이정모

1판 1쇄 인쇄 | 2022년 4월 15일
1판 1쇄 발행 | 2022년 5월 16일

**펴낸이** | 김영곤
**이사** | 은지영
**영상사업1팀** | 김종민 윤규리
**아동마케팅영업본부장** | 변유경
**아동마케팅팀** | 김영남 원정아 이규림 고아라 이해림 최예슬 황혜선
**아동영업1팀** | 이도경 오다은 김소연  **아동영업2팀** | 한충희 오은희
**편집** | 꿈틀 이정아 이정화  **북디자인** | design S 손성희  **제작 관리** | 이영민 권경민

**펴낸곳** | (주)북이십일 아울북
**등록번호** | 제406-2003-061호  **등록일자** | 2000년 5월 6일
**주소** | 경기도 파주시 회동길 201(문발동) (우 10881)
**전화** | 031-955-2128(기획개발), 031-955-2100(마케팅·영업·독자문의)
**팩시밀리** | 031-955-2421
**브랜드 사업 문의** | license21@book21.co.kr
**이미지** | 위키미디어 92, 93, 94, 95

ISBN 978-89-509-0005-2 74370
ISBN 978-89-509-0007-6 74370(세트)

**Math in 30 Seconds**
Text: Anne Rooney, Illustrations: Putri Febriana, Consultation: Dr Katie Steckles
Copyright © 2017 Quarto Publishing plc
First published in the UK in 2017 by Ivy Kids, an imprint of The Quarto Group.
All rights reserved.

Korean translation © 2022, Book21
This edition is published by arrangement with Quarto Publishing plc through KidsMind Agency, Korea.
이 책의 한국어판 저작권은 키즈마인드 에이전시를 통해 Quarto Publishing plc와 독점 계약한 북이십일에 있습니다.
신 저작권법에 의해 한국 내에서 보호를 받는 저작물이므로 무단전재와 복제를 금합니다.

· 잘못 만들어진 책은 **구입하신 서점**에서 교환해 드립니다.

· 제조자명: (주)북이십일
· 주소 및 전화번호: 경기도 파주시 회동길 201(문발동) / 031-955-2100
· 제조연월: 2022. 5. 16
· 제조국명: 대한민국
· 사용연령: 3세 이상 어린이 제품